广西一流学科建设项目:百色学院马克思主义理论一流学科资助

思想政治教育研究文库

—

新时代大学生
总体国家安全观培育研究

黄东升 著

光明日报出版社

图书在版编目（CIP）数据

新时代大学生总体国家安全观培育研究 / 黄东升著
. --北京：光明日报出版社，2022.9
ISBN 978-7-5194-6754-8

Ⅰ.①新… Ⅱ.①黄… Ⅲ.①国家安全—中国—教学
研究—高等学校 Ⅳ.①D631

中国版本图书馆 CIP 数据核字（2022）第 155961 号

新时代大学生总体国家安全观培育研究

XINSHIDAI DAXUESHENG ZONGTI GUOJIA ANQUANGUAN PEIYU YANJIU

著　　者：黄东升

责任编辑：刘兴华　　　　责任校对：李　兵
封面设计：中联华文　　　责任印制：曹　净

出版发行：光明日报出版社
地　　址：北京市西城区永安路 106 号，100050
电　　话：010-63169890（咨询），010-63131930（邮购）
传　　真：010-63131930
网　　址：http://book.gmw.cn
E - mail：gmrbcbs@gmw.cn
法律顾问：北京市兰台律师事务所龚柳方律师

印　　刷：三河市华东印刷有限公司
装　　订：三河市华东印刷有限公司
本书如有破损、缺页、装订错误，请与本社联系调换，电话：010-63131930

开　　本：170mm×240mm
字　　数：156 千字　　　　印　　张：14
版　　次：2022 年 9 月第 1 版　　印　　次：2022 年 9 月第 1 次印刷
书　　号：ISBN 978-7-5194-6754-8

定　　价：89.00 元

前 言

国家安全，国之大者。党的十八大以来，以习近平同志为核心的党中央高度重视国家安全工作，党的十八届三中全会决定成立中央国家安全委员会，习近平总书记亲自担任委员会主席，充分表明了中国人民捍卫国家主权、安全、发展利益的坚定决心和坚强意志。习近平总书记在党的十九大报告中强调："国家安全是安邦定国的重要基石，维护国家安全是全国各民族人民根本利益所在。"① "国家安全"在十九大报告中出现18次，可见，党中央对国家安全的重视程度前所未有。在庆祝中国共产党成立100周年大会上，习近平总书记强调："新的征程上，我们必须增强忧患意识、始终居安思危，贯彻总体国家安全观，统筹发展和安全，统筹中华民族伟大复兴战略全局和世界百年未有之大变局"②。总体国家安全观是习近平新时

---

① 习近平．决胜全面建成小康社会夺取新时代中国特色社会主义伟大胜利——在中国共产党第十九次全国代表大会上的讲话［EB/OL］．新华网，2017－10－27.

② 习近平．在庆祝中国共产党成立100周年大会上的讲话［N］．人民日报，2021－7－2（002）.

代中国特色社会主义思想的重要组成部分，总体国家安全观的提出，是我们党对国家安全发展规律的准确把握，对国家安全理论的重大创新，是新时代维护国家主权、安全和发展利益的强大思想武器。

维护国家主权、安全和发展利益，不仅是国家安全部门的职责使命，而且也是全国人民的共同义务。《中华人民共和国宪法》第五十四条规定，中华人民共和国公民有维护祖国的安全、荣誉和利益的义务，不得有危害祖国的安全、荣誉和利益的行为。《中华人民共和国反恐怖主义法》《中华人民共和国反间谍法》《中华人民共和国生物安全法》等法律法规，就公民和组织维护国家安全的义务和权利作出明确规定。2015 年出台的《中华人民共和国国家安全法》第十四条规定，每年的 4 月 15 日为全民国家安全教育日，以法律形式确立了国家安全教育的制度。维护国家安全，需要全民牢固树立总体国家安全观。特别是《中华人民共和国国家安全法》第七十六条还规定“将国家安全教育纳入国民教育体系”。处在国民教育体系顶端的高校，更应该在国家安全教育实践中做出表率。落实国家安全教育是高校的法定责任，接受国家安全教育是大学生的法定义务。习近平总书记在首个全民国家安全教育日之际作出重要指示：“要以设立全民国家安全教育日为契机，以总体国家安全观为指导，全面实施国家安全法，深入开展国家安全宣传教育，切实增强全民国家安全意识”①。党的十九大报告强调，加强国家安全教育，增强全党全国人民国家安全意识，推动全社会形成维护国家

① 习近平．在首个全民国家安全教育日之际作出的指示［N］．人民日报，2016－4－15（001）．

安全的强大合力①。十九届四中全会提出，加强国家安全人民防线建设，增强全民国家安全意识②。国家安全教育是我国国家安全战略的重要举措。新时代的大学生是国家的未来、民族的希望，是各行业各领域的后备中坚力量，他们将肩负着为实现中华民族伟大复兴保驾护航的重大使命。因此，加强大学生总体国家安全观培育，具有十分重要的战略意义和现实意义。

当前，世界正处在百年未有之大变局中，各种不确定因素明显增加，“黑天鹅”事件、“灰犀牛”事件频发，尤其是突如其来的新冠肺炎疫情，成为百年未有大变局的催化剂，人类真正进入了乌尔里希·贝克（Ulrich Beck）和吉登斯（Anthony Giddens）所描述的现代性风险社会，即“未知的、意图之外的后果成了历史和社会的主宰力量，它使这个星球上所有的生命形态都处在危险之中”③。如何化解各种风险，为生命栖居建设“伊甸园”，成为现实境遇中人类共同的重大课题。从国际环境来看，国际社会风云变幻，世界格局深刻变革，如何在霸权主义、强权政治的疯狂肆虐中站稳脚跟？从国内环境来看，经济发展面临转型，社会结构深刻变动，如何在利益格局、思想观念的调整变化中行稳致远？如何为实现中华民族伟大复兴营造良好的内外部环境，成为新时代全国人民共同的历史使命。

---

① 习近平．决胜全面建成小康社会夺取新时代中国特色社会主义伟大胜利——在中国共产党第十九次全国代表大会上的讲话［EB/OL］．新华网，2017－10－27．

② 中共中央关于坚持和完善中国特色社会主义制度 推进国家治理体系和治理能力现代化若干重大问题的决定［N］．人民日报，2019－11－6（001）．

③ 乌尔里希·贝克．风险社会：新的现代性之路［M］．张文杰，何博闻，译．南京：译林出版社，2018：1．

党和国家历来高度重视大学生的国家安全教育，在国家安全的法律中均作出了相关规定。2018 年 4 月，教育部制定了《关于加强大中小学国家安全教育的实施意见》，就总体要求、目标任务、重点工作和组织保障等方面提出具体意见。2020 年 9 月，教育部又牵头制定了《大中小学国家安全教育指导纲要》，为大中小学系统、规范、科学地开展国家安全教育提供了具体指导。顶层的制度设计，从国家层面确立了国家安全教育的战略地位，为高校培育大学生总体国家安全观提供了制度保障、作出了制度安排。各地各高校也纷纷出台相应的实施方案，并深入推进大学生国家安全教育。培育大学生的总体国家安全观，是高校思想政治工作的重要内容，也是落实立德树人根本任务的客观要求，更是贯彻落实国家安全战略的重要举措。

在实现中华民族伟大复兴的新征程上，当代大学生将由“生力军”转为“主力军”。要把大学生培养成为社会主义的合格建设者和可靠接班人，成为堪当民族复兴大任的时代新人，就必须培育他们的总体国家安全观，增强他们维护国家安全的意识和能力。当前，虽然各高校都在加强大学生的国家安全教育，并取得了初步成效，但还存在国家安全教育的理念认识不够明确、领导体制不够健全、运行机制不够顺畅、保障机制不够完善、教育内容不够全面、教育方法不够多样、教育成效不够理想等问题。这导致部分大学生出现总体国家安全观缺失、维护国家安全的意识不强、维护国家安全的能力不足等，导致个别大学生因“过失无知”而做出危害国家安全的行为。习近平总书记强调：“国家安全内涵和外延比历史上任何时候都要丰富，时空领域比历史上任何时候都要宽广，内外因素比历史上任何时候都要复杂”①。大学生是否深刻认识国家安全的重要性，是否深入理解总体国家安全观的科学内涵，是否清醒辨识国家安全面临的威胁与挑战，是否全面掌握维护国家安全的途径与方法，直接关系到我们党的生死存亡、国家的长治久安和中华民族的伟大复兴。如何系统、规范和科学地培育大学生总体国家安全观，使之内化于心、外化于行，并成为他们的价值追求和自觉行动，切实担负起维护国家安全的重大使命，是高校必须回答的时代课题。

考察梳理国家安全教育的研究现状，目前尚无大学生总体国家安全观培育方面的专著，而相关的学术和学位论文还缺乏研究的系统性和指导性，研究层次有待提高。基于此，笔者结合多年从事高校思想政治教育的教学和研究经验，撰写形成专著《新时代大学生总体国家安全观培育研究》。本书将重点探讨大学生总体国家安全观培育的具体问题和策略，以期为高校培育大学生总体国家安全观提供实践借鉴，为相关研究提供理论参考。

著　者

① 习近平．在中央国家安全委员会第一次会议上的讲话［N］．人民日报，2014－4－16（001）．

目　录
CONTENTS

第一章　总体国家安全观的思想基础和形成过程

任何理论的提出，都有其特定的历史背景，都是对时代的思想回应。总体国家安全观是中国特色社会主义的国家安全理论，有着深厚的思想基础，以及对现实的深入思考。培育大学生总体国家安全观，首先要深入考察总体国家安全观的思想基础和形成过程，只有全面认识为什么要培育，才能更好地把握如何培育。

第一节　总体国家安全观的思想基础

习近平总书记创新性地提出总体国家安全观，是新时代国家安全发展的现实诉求，有着深厚的思想基础和科学的历史依据。“其中既包括中国传统民本思想的传承和社会主义民主思想的落实；当然也包括冷战后期由西方国家开始的对新安全模式的探索和各种传统安全的提出，以及中国思想理论界从 20 世纪 90 年代后期开始的对国家安全的理论探索"①。准确把握总体国家安全观的思想基础，是培育大学生总体国家安全观的重要前提。

一、中国传统文化民本思想

"以民为本"既是中国传统文化中最优秀的思想主张，也是中国政治的核心价值。"以人民安全为宗旨"是总体国家安全观的核心价值，在党和国家制定的各项方针政策中，在处置国内外安全事件中，"以人民安全为宗旨"的价值取向体现得淋漓尽致。每次重大安全事件的发生，党和国家都及时高效地施救，如对日本核泄漏、利比亚内战、叙利亚危机的果断撤侨，以及对马航失联客机的奋力搜救、对新冠肺炎疫情的逆行出征等，大量的事实表明，党和国家时刻把人民安危放在首位。党的十九大提出"以人民为中心"的政治理念就是对民本思想的时代升华。

自古以来，民本思想是中国传统文化的优质基因，历朝历代的政治家和思想家，虽然他们的立场和观点各异，但他们主张"民本"的思想却不约而同，所体现出来的民为邦本、民贵君轻、民心向背等治国理念和思想价值为后人所传扬。如"民为邦本，本固邦宁"(《尚书·五子之书》)；"'养民''富民''教民'"(《论语》；"'政之所兴，在顺民心；政之所废，在逆民心''本治则国固，本乱则国危'"(《管子》)；"卑而不失尊，曲而不失政者，以民为本也"(《晏子春秋·内篇问下》)；"'民为贵，社稷次之，君为轻''得民心者得天下'"(《孟子》)；"'君者，舟也；庶人者，水也''水则

① 本书编写组．总体国家安全观教育读本［M］．北京：光明日报出版社，2016：7.

载舟，水则覆舟'”（《荀子》）等思想和理念，都是中国传统文化“民本”思想的源头，体现了“民本”思想对国家安全稳定的重要作用。

从“民本”思想的内涵意蕴和时代价值来看，主要体现在以下三个方面：首先是“民为邦本，本固邦宁”的核心理念。“所谓‘民本’，即国之有民，犹如树之有根、木之有干，民众是国家的基础”①，“人民是国家的基石”，说明了人民群众在国家政治生活中的根本性作用。《周易》更是从哲学层面诠释了“敬天保民、振民育德、以民为本”（《周易》）的深刻道理。民本思想理念正是中国共产党人“信仰人民”的文化源头，是“中华民族和中华文明得以生生不息的伟大道统”②。其次是“惠民利民、安民富民”的民生理念。既然人民在国家中地位如此重要，作用如此巨大，那么为政者“就得爱民、养民、安民、利民、富民，重视民生福祉，关心民间疾苦”③。在中国传统文化史册中，留下了许多彰显民本感叹民生的壮丽诗篇，如屈原的“长太息以掩涕兮，哀生民之多艰”，王充的“知屋漏者在宇下，知政失者在草野”，杜甫的“安得广厦千万间，大庇天下寒士俱欢颜，风雨不动安如山”，苏轼的“心中为念农桑苦，耳里如闻饥冻声”，郑板桥的“衙斋卧听萧萧竹，疑是人间疾苦声”等名言警句广为传诵，常被中国共产党运用于治国理政的实践

① 张分田，张鸿．中国古代“民本思想”内涵与外延刍议［J］．西北大学学报（哲学社会科学版），2005（1）：113－118．

② 潘维．信仰人民：中国共产党与中国政治传统［M］．北京：中国人民大学出版社，2017：68．

③ 张可荣，刘奕汝．中华传统民本思想的时代价值探析［J］．长安大学学报（社会科学版），2019（5）：75－83．

中。最后是“得民心顺民意”的重要理念。“得民心者得天下”就是对此理念的经典表述，深刻揭示了国家政治的铁律：“得天下有道：得其民，斯得天下矣；得其民有道：得其心，斯得民矣”（《孟子·离娄》）。如何得民心顺民意，“惠民利民”“安民富民”“为政以德”就是常理和正道。

习近平总书记高度肯定中国传统文化中的“民本”思想，并给予科学评价，强调要深入挖掘其时代价值，坚定文化自信，并身体力行，在各种场合的重要讲话中加以深刻阐述，仅在2014年，他就多次表达了这样的观点和主张，如在5月4日的北京大学师生座谈会上，他提出了中华优秀传统文化六个方面的重要思想理念，首先就是“民惟邦本”的理念；在9月24日纪念孔子诞辰2565周年国际学术研讨会暨国际儒学联合会第五届会员大会开幕式上，他列举的15条中华优秀传统文化的重要思想中，包括了“以民为本、安民富民乐民的思想”①；在10月15日的文艺工作座谈会上，他又特别强调，中华优秀传统文化的“崇仁爱、重民本、守诚信、讲辩证、尚和合、求大同等思想”②。他强调：“这样的思想和理念，不论过去还是现在，都有其鲜明的民族特色，都有其永不褪色的时代价值”③。这是“民本”思想在新时代展现出来的强大生命力，不仅是增强文化自信的不竭动力，而且也是国家安全工作的思想基础。

虽然中国传统文化中的“民本思想”有其历史的局限性，但在

---

① 习近平．在纪念孔子诞辰2565周年国际学术研讨会暨国际儒学联合会第五届会员大会开幕会上的讲话［N］．人民日报，2014－9－25（002）．

② 习近平．在文艺工作座谈会上的讲话［N］．人民日报，2015－10－15（002）．

③ 习近平．习近平谈治国理政：第1卷［M］．北京：外文出版社，2014：125．

以揭露西方资本主义问题为要义的马克思主义中，却找到了自己的栖身之所。马克思主义认为，“社会中占统治地位的统治阶级，通过国家意识形态和附属于统治阶级的知识阶层，过分强调了统治者和英雄豪杰的历史作用和价值，忽视了广大人民群众对人类社会的基础性重大贡献和重要作用”①。中国传统文化强调“以民为本”时，正是以官与民的区分为前提，强调重民爱民对统治者实现合法统治的重要意义。“马克思主义的群众史观与中国传统的民本史观的共同特点，就是强调民众的重要性。二者的区别在于，马克思主义的群众史观不仅强调群众的重要性，而且强调推翻阶级统治进入无阶级社会的合法性，而中国传统文化的民本史观没有也不可能认识到阶级统治的非法性与推翻阶级统治的合法性。”② 马克思主义群众史观体现了当代政治的民主精神，是社会主义民主政治建设的思想基础。

二、社会主义民主政治思想

总体国家安全观强调的人民安全和国民安全，虽说是中国传统“民本”思想在国家安全领域的真正落实，但这还不是“以人民安全为宗旨”的最高价值。“在推进社会主义民主政治建设的时代背景和国情环境下，总体国家安全观更是社会主义民主政治建设在国家安全领域的集中体现，总体国家安全观的至高价值便是以社会主义

---

① 刘跃进．总体国家安全观：民心基础与理论溯源［J］．人民论坛，2014（16）：24－27．

② 本书编写组．总体国家安全观教育读本［M］．北京：光明日报出版社，2016：8．

民主政治为根基的人民民主安全观"①。因此，总体国家安全观不仅在为中国的国家安全立心，而且在为时代安全立心，为人民民主立心。

中国传统民本主义与马克思主义群众史观在强调民众重要性上的契合，使二者同时被苦寻治国良方以确保国家长治久安的当代领导人所接受。"当然，在接受传统民本主义的同时，受过马克思主义熏陶和当代民主政治启蒙的新一代领导人，已经扬弃了传统民本主义暗含的深层皇权主义，用马克思主义群众史观和当代世界民主理念，把以维护统治者统治地位为根本目的传统民本主义，改造成维护'人民群众当家作主'的政治主张和'一切权力属于人民'宪法原则的社会主义民主政治"②，并贯彻到"以人民安全为宗旨"的总体国家安全观中。

中国共产党是社会主义民主思想的集大成者，也是社会主义民主政治的伟大实践者。在民主革命时期，中国共产党高举民主大旗，与当时的独裁统治进行了艰苦卓绝的革命斗争，中华人民共和国成立后，中国共产党领导全国人民进行了开创性的民主政治探索，并在改革开放时期提出了建设社会主义民主政治的重大任务。中国共产党"为人民服务"的宗旨、"人民群众当家作主"的思想、"执政为民"的理念等，是社会主义民主政治理想的不同表述，也是总体国家安全观"以人民安全为宗旨"的思想基础。

---

① 刘跃进. 总体国家安全观：民心基础与理论溯源 [J]. 人民论坛，2014（16）：24－27.

② 刘跃进. 总体国家安全观：民心基础与理论溯源 [J]. 人民论坛，2014（16）：24－27.

进入新时代，党和国家把“以民为本”的思想上升到社会主义民主政治建设的高度，坚持“以人民为中心”，不断完善人民当家作主制度体系，努力发展中国特色社会主义民主政治。深得广大人民群众的认可和拥护，凝聚起更广泛的民心，汇集成同心筑梦的磅礴力量。党的十八大以来，习近平总书记对社会主义政治建设进行了系统论述，强调“人民当家作主是社会主义民主政治的本质和核心，人民民主是社会主义的生命”①，“我国社会主义民主是维护人民根本利益最广泛、最真实、最管用的民主”②。把政治安全、人民安全和国家安全有机统一起来，指出“人民安全是国家安全的宗旨，政治安全是国家安全的根本”③。在党的十九大报告中，习近平总书记再次强调：“必须坚持国家利益至上，以人民安全为宗旨，以政治安全为根本，统筹外部安全和内部安全、国土安全和国民安全、传统安全和非传统安全、自身安全和共同安全，完善国家安全制度体系，加强国家安全能力建设，坚决维护国家主权、安全、发展利益。”④这为推进国家安全治理体系和治理能力现代化提供了根本遵循，为国家的长治久安和人民的幸福安康提供了制度保障。

---

① 习近平．在庆祝全国人民代表大会成立六十周年大会上的讲话［M］．十八大以来重要文献选编（中）．北京：中央文献出版社 2016：54 - 55.

② 习近平．必须把为民造福作为最重要的政绩——在十三届全国人大三次会议内蒙古代表团审议时的重要讲话［EB/OL］．新华社，2020 - 5 - 22.

③ 习近平．全面贯彻落实总体国家安全观 开创新时代国家安全工作新局面——在十九届中央国家安全委员会第一次会议上的重要讲话［EB/OL］．新华网，2018 - 4 - 17.

④ 习近平．决胜全面建成小康社会夺取新时代中国特色社会主义伟大胜利——在中国共产党第十九次全国代表大会上的讲话［EB/OL］．新华网，2017 - 10 - 27.

三、国际新安全模式思想

总体国家安全观强调的共同安全、综合安全和合作安全，与国际上从冷战后期开始的新安全模式探索分不开，并且充分吸纳了这些不同模式的非传统安全观。20 世纪 70 年代末，日本政府在《国家综合安全报告》中就提出“综合安全观”，并进行了系统表述，到 80 年代初，又提出“综合安全保障战略”，认为要防止和对付诸如战争、能源危机、资源危机、自然灾害等方面的威胁，必须将经济、政治、军事、外交等多种手段相结合，发挥其综合作用。总体国家安全观对安全总体性的强调，与这种综合安全思维有着密不可分的内在联系。

“共同安全”概念源于欧洲，1982 年，瑞典首相帕尔梅主持的非政府组织“裁军与安全问题独立委员会”就全球安全形成了题为“共同安全：一种生存蓝图”的报告，首次就共同安全要达成的目标、实现的途径、应该遵守的原则等做了比较系统的分析研究，认为“避免战争，尤其是避免核战争，是共同的责任，世界各国的安全，甚至生存是相互依赖的”①。1983 年，联合国大会决定专门组建政府间的研究小组，重点研究共同安全，最后发表了《安全概念》的研究报告，使共同安全观有了新发展。

“合作安全观”是力求通过安全主体（包括国家主体和非国家主体）的合作来谋求国家安全、地区安全乃至全球安全的主张和观念。1988 年，美国的布鲁金斯学会提出了“合作安全”的概念；

① 刘跃进．国家安全学［M］．北京：中国政法大学出版社，2004：57.

1992年，该学会对合作安全进行了更为系统的阐述，形成了合作安全理论和较为完整的合作安全观。加拿大政府于1990年开始主张在亚太地区实行合作安全，从1990年到1993年，在加拿大约克大学的协调下，“北太平洋合作安全对话”举行了系列会议，出席者包括以个人身份参加的政府官员，共同推进合作安全，“合作安全观”由此被广泛接纳。

四、中国国家安全理论思想

冷战后期开始的新安全模式和安全观念探索，在世界范围内得到了较快发展，其也包括中国学界和政界的安全理论思想，在中国学界介绍和研究国际上以综合安全、共同安全、合作安全为代表的各种新安全观或非传统安全观的同时，中国官方逐渐形成了新的安全观念，并在20世纪90年代后期提出了“以互信、互利、平等、协作为核心的新安全观”①。虽说“新安全观”只涉及对外安全、国际安全，不是完整意义上的国家安全观，但它对“总体国家安全观”的提出也起到了积极的推动作用。

虽然“总体国家安全观”的立足点是“国家安全”“中国安全”，但它既包括了外部安全，又包括了内部安全；既重视本国的自身安全，又重视各国的共同安全，也正是由于它把外部安全和内部安全都统一到国家安全之中，在强调中国安全的同时，也强调各国的共同安全。因而，总体国家安全观不仅容纳了“以互信、互利、

① 唐家璇．在联大阐述互信互利平等协作的新安全观［EB/OL］．新华网，2002－9－13．

平等、协作为核心的新安全观”，而且也吸纳了包括综合安全、共同安全、合作安全等世界性的新安全思想和理念。

第二节 总体国家安全观的形成过程

长期以来，国家的安全议题持续受到关注，并在实践中不断完善和发展，随着国内外安全形势的深刻变革，中国更加重视国家的安全问题，把国家安全上升为国家的重大战略，并发展成为具有全面性、系统性、科学性的总体国家安全观。

一、中国国家安全观的历史演进

在不同的历史时期，中国国家安全观有不同的表述形式，总体上来看，是呈现出不断完善和提升的过程。按照不同的时间点来划分，可以分为三个阶段：①

（一）传统国家安全观阶段

1996 年之前，中国官方长期秉持传统国家安全观。在中国官方的公开文件中，最早使用“国家安全”术语是在 1983 年。此前，无论是中共中央还是中央政府均未提及“国家安全”，虽然在政府工作报告和中国共产党代表大会报告中使用过“我国的安全”“祖国的

① 刘跃进．总体国家安全观：民心基础与理论溯源［J］．人民论坛，2014（16）：24－27．

安全”“国家的独立和安全”等术语，并且长期以来不断讲到战争的危险和军队国防建设等国家安全问题，但没有使用“国家安全”这个专门术语。1983年，在政府工作报告中强调：“为了确保国家安全和加强反间谍工作，国务院提请这次大会批准成立国家安全部，以加强对国家安全工作的领导。”这是中国官方首次使用“国家安全”术语。1992年，在中国共产党第十四次全国代表大会的报告中首次使用了“国家安全”术语，并4次出现“安全”术语，但这些论述都集中在传统安全色彩非常强的“军队建设”部分。中国学者和中国政府能够不囿于“战争与和平”的传统思维和传统安全观而去深入思考“威胁与安全”，是在“冷战”结束后的20世纪90年代中后期。

（二）国家安全观过渡阶段

1996年至2002年，是中国从传统安全观向非传统安全观的过渡阶段。1996年7月，时任国务院副总理兼外交部部长钱其琛在东盟地区论坛大会上，主张通过对话与协商，增进相互了解和彼此信任；通过扩大和深化经济交往与合作，共同参与和密切合作，促进地区安全，巩固政治安全。他提议东盟地区论坛开展军转民方面的对话，并适时开始探讨综合安全方面的合作问题。正是由于涉及“信任”“合作”“地区安全”“综合安全”等术语，同时还明确要通过“军转民”来“探讨综合安全方面的合作问题”，因而可以看作是中国开始在对外安全和国际安全领域探索不同以往的新安全观。在1997年中共十五大报告中，江泽民同志6次提到“安全”，其中3处是“国家安全”，而且还首次提到与传统安全认知具有重要区别的“国家经济安全”，这表明中国开始认知非传统安全。但这个报告依然把“安全”和“国家安全”放在“军事”部分集中讨论，因而也只能说是对非传统安全认识已经出现，官方的非传统安全观开始萌生，但并未形成比较完整的非传统安全观。

（三）新安全观形成阶段

2002年之后，中国官方的非传统安全观已经形成。经过世纪之交前后几年的探索，以2002年7月中国政府在国际场合发布《中国关于新安全观的立场文件》和2002年11月中共十六大报告明确提出“传统安全威胁和非传统安全威胁的因素相互交织”为标志，中国官方最终形成了比较系统的非传统安全观。2002年7月31日，在东盟地区论坛外长会议上，中国代表团发表了《中国关于新安全观的立场文件》。虽然这个文件阐述的依然是国际安全和国家对外安全问题，但系统论述了安全领域从军事、政治向经济、科技、环境、文化等领域的扩展，安全威胁日益多元化、全球化的趋势，实现国家安全需要寻求多元化手段，特别需要通过加强对话与合作来寻求共同安全，可以说，这是中国政府提出的比较系统的非传统国际安全观和非传统对外安全观。2002年11月，中共十六大报告已完全扬弃了局限于军事和政治的传统安全观，在安全构成、安全威胁和安全保障等方面，形成了既包括传统的军事、政治，又包括非传统的经济、恐怖主义威胁等在内的综合性国家安全观，以及“互信、互利、平等、协作”的新国际安全观，由此构成了比较全面的非传统安全观。此后，官方在历年发布的各种公开文件中，继续强调并不断丰富和深化着2002年形成的非传统安全观，并使其在安全构成要素、安全影响因素与威胁因素以及安全保障体系等安全理论的三方面逻辑构成中不断得以丰富和完善。

二、总体国家安全观的形成发展

总体国家安全观是“在继承、借鉴生存安全观、发展安全观、综合安全观、新安全观等安全观精髓的基础上，将涉及国家安全的更多领域、更大范畴和更复杂的关系涵盖其中”①。

生存安全观和发展安全观都是冷战背景下的国家安全观，前者处于冷战高峰时期，更注重斗争性，强调军事政治领域的对立与冲突，后者处于冷战末期，改革开放拥抱世界之际，强调经济领域的发展与合作。

综合安全观与安全发展观则是冷战后的新安全观，对冷战后国际安全事务中的新变化、新发展进行了探索、总结和提炼，提出了国家安全不应单纯考虑军事、政治及经济因素，而应综合考虑政治、经济、军事、文化等各领域的安全；不应只考虑本国安全，而应综合考虑国家、地区与世界的安全。

然而，仅强调政治、经济和军事等领域的综合安全并非完整意义上的国家安全理论体系。完整的体系是从总体国家安全观的提出开始的，2014 年 4 月 15 日，习近平总书记在中央国家安全委员会第一次会议上首次提出“总体国家安全观”的概念，即“以人民安全为宗旨，以政治安全为根本，以经济安全为基础，以军事、文化、社会安全为保障，以促进国际安全为依托，走出一条中国特色国家

① 本书编写组．总体国家安全观教育读本［M］．北京：光明日报出版社，2016：8．

安全道路"①，并进行了系统阐述。总体国家安全观是习近平总书记关于国家安全的新要求、新论断、新思想，顺应了时代的发展潮流，回应了人民的重大关切，对应对国内外安全挑战、维护国家安全和社会稳定具有十分重要的指导意义。

总体国家安全观继承了综合安全观的部分内容，但更多的是对近年来国际安全领域，特别是对我国由大到强发展新阶段安全局势的深入总结，在关注政治、经济和军事等重要领域安全的同时，还涵盖了文化、资源、生态、网络、海洋、太空等多个领域的安全，从而将国家安全的范畴大大扩展。2020 年 2 月 14 日，习近平总书记在中央全面深化改革委员会第十二次会议上强调"要把生物安全纳入国家安全体系，系统规划国家生物安全风险防控和治理体系建设，全面提高国家生物安全治理能力"②，为总体国家安全观注入了新元素。由此可见，总体国家安全观是随着形势的发展需要而不断创新和完善的动态过程，是更加全面、更与时俱进的新安全观，真正把总体国家安全观做到了系统化和科学化。

① 习近平. 在中央国家安全委员会第一次会议上的讲话 [N]. 人民日报，2014－4－16 (001).

② 习近平. 完善重大疫情防控体制机制健全国家公共卫生应急管理体系——在中央全面深化改革委员会第十二次会议上的讲话 [EB/OL]. 新华网，2020－2－14.

第二章　总体国家安全观的科学内涵和重大意义

习近平总书记高度重视国家安全问题，他围绕国家安全发表了系列重要论述，形成了内涵丰富、结构完整、逻辑严密的国家安全理论体系，把我们党对国家安全的认识提升到新的境界，成为新时代国家安全工作的思想武器和科学指南。

第一节　总体国家安全观的科学内涵

总体国家安全观是富有中国特色的国家安全理论体系，包括了国家安全的价值理念、体制机制、路径方法等，是新时代国家安全工作的指导思想。“总体国家安全观科学回答了我国处于什么环境、站在什么方位、面临什么挑战、承担什么使命等系列重大理论和现实问题，体现了对国际战略格局、周边形势变化和国内改革发展大局的深刻把握，极大地丰富和发展了中国特色社会主义国家安全理论体系，为我们深入推进国家安全工作、走中国特色国家安全道路提供了强大的思想武器和根本的行动指南。”①

一、总体国家安全观的基本内容

要系统把握总体国家安全观，首先要深入理解总体国家安全观的基本内容及其内在的辩证关系。总体国家安全观的基本内容可以概括为“六个顶层设计思路”“五个既重视又重视”“十六个安全”和“四个国际安全理念”。

（一）六个顶层设计思路

2013 年 11 月，党的十八届三中全会决定设立国家安全委员会，习近平总书记提出了国家安全委员会的“四大基本职能”，即“维护‘双安全’”“制定和实施国家安全战略”“推进国家安全法治建设”“研究解决国家安全工作中的重大问题”，这是关系国家安全大局的四个顶层设计新思路。在“维护‘双安全’”方面，就是“对外维护主权安全，对内维护政治安全”，习近平总书记把维护“双安全”具体表述为“我国面临对外维护国家主权、安全、发展利益，对内维护政治安全和社会稳定的双重压力，各种可以预见和难以预见的风险因素明显增多”②；在“制定和实施国家安全战略”方面，中央政治局审议通过了《国家安全战略纲要》；在“推进国家安全

① 本书编写组．总体国家安全观教育读本［M］．北京：光明日报出版社，2016：15－16.

② 中共中央党史和文献研究院．习近平关于总体国家安全观论述摘编［M］．北京：中央文献出版社，2018：3.

法治建设”方面，《国家安全法》《反间谍法》《反恐怖主义法》等已陆续出台；在“研究解决国家安全工作中的重大问题”方面也取得了丰硕成果。“四个顶层设计新思路”加上“坚持总体国家安全观”和“设立国家安全委员会”，共同构成了“六个顶层设计思路”。这是关乎整个国家安全大局的战略性布局，可以概括为新时代中国国家安全的“六个顶层设计思路”。

（二）五个既重视又重视

这是习近平总书记在论述如何贯彻落实总体国家安全观时提出的主要内容：“坚持既重视外部安全又重视内部安全、既重视国土安全又重视国民安全、既重视传统安全又重视非传统安全、既重视发展安全又重视安全问题、既重视自身安全又重视共同安全”①。简称“五个既重视又重视”，充分体现了唯物辩证法两点论和重点论的统一，体现了当代国家安全和国家安全工作的整体性与系统性，是新时代国家安全的大思路大战略。

（三）十六个安全

“十六个安全”即政治安全、国土安全、军事安全、经济安全、文化安全、社会安全、科技安全、网络安全、生态安全、资源安全、核安全、海外利益安全以及太空、深海、极地、生物等不断拓展的新型领域安全。其中“政治安全、国土安全、军事安全、经济安全、

---

① 中共中央党史和文献研究院．习近平关于总体国家安全观论述摘编［M］．北京：中央文献出版社，2018：7.

文化安全、社会安全、科技安全、网络安全、生态安全、资源安全、核安全”是上述“五个既重视又重视”中的第三个“既重视传统安全，又重视非传统安全”的具体化，这是人们常说的“11 个安全”。2020 年 2 月，习近平总书记提出“把生物安全纳入国家安全体系”①。2020 年 10 月通过的《中华人民共和国生物安全法》，正式将生物安全纳入国家安全体系。加上海外利益安全以及太空、深海、极地等不断拓展的新型领域，共同构成了国家安全体系的“十六个安全”。除了这十六个基本安全领域外，金融安全、粮食安全、数字安全等也是总体国家安全观的重要领域。国家安全体系将在时代的发展变化中不断丰富和拓展，以更加管用有效地保障“人民安全”这个价值旨归。

（四）四个国际安全理念

习近平总书记在第四届亚信峰会上针对亚洲地区的安全问题指出：“我们应该积极倡导共同、综合、合作、可持续的亚洲安全观，创新安全理念，搭建地区安全和合作新框架”②。事实上，这种以共同安全、综合安全、合作安全、可持续安全为主体的亚洲安全观，不仅适用于亚洲，也适用于整个国际社会，因而可以称其为“四个国际安全理念”。我们把“四个国际安全理念”纳入总体国家安全

---

① 习近平．完善重大疫情防控体制机制 健全国家公共卫生应急管理体系——在中央全面深化改革委员会第十二次会议上的讲话［EB/OL］．新华网，2020－2－14．

② 中共中央党史和文献研究院．习近平关于总体国家安全观论述摘编［M］．北京：中央文献出版社，2018：229．

观，是因为习近平总书记在论述总体国家安全观时多次强调："必须统筹国内国际两个大局，始终不渝走和平发展道路、奉行互利共赢的开放战略，坚持正确义利观，树立共同、综合、合作、可持续的新安全观，谋求开放创新、包容互惠的发展前景，促进和而不同、兼收并蓄的文明交流，构筑尊崇自然、绿色发展的生态体系，始终做世界和平的建设者、全球发展的贡献者、国际秩序的维护者"①。习近平总书记还在多个国际场合就"共同安全""综合安全""合作安全"和"可持续安全"进行了具体阐述，超越了"你输我赢、你兴我衰"的"零和"思维，为构建全球安全治理体系明确了中国立场，为打造"人类命运共同体"提供了中国智慧和中国方案。

相较于原来的"新安全观"，总体国家安全观的内涵更加丰富、逻辑更加严密。"新安全观"只重视外部安全，只强调非传统安全问题，而总体国家安全观既重视外部安全又重视内部安全、既重视非传统安全又重视传统安全。概括来说，总体国家安全观是人民的安全观、是发展的安全观、是辩证的安全观、是包容的安全观，彰显了中国智慧，体现了中国担当。

二、总体国家安全观的主要思想特点

（一）以内保外、内外兼顾

从国家安全委员会的机构设置、人员组成和运行机制可以看出，

① 中共中央党史和文献研究院．习近平关于总体国家安全观论述摘编［M］．北京：中央文献出版社，2018：270.

总体国家安全观的最大特点是以内保外、内外兼顾，实现国际国内两个大局的良性互动。马克思主义唯物辩证法基本原理告诉我们，事物变化是由内因和外因共同作用的结果，内因是基础，起决定作用，外因是条件，通过内因发生作用。“总体国家安全观”在国家安全的顶层设计中，也充分体现了这个基本原理，把国内安全机制放在首位，让负责国内安全的政府总理和全国人大常委会委员长担任国家安全委员会副主席，且在国家安全委员会委员的安排上，负责国内安全的部委领导也明显多于涉外的部委领导，可见对内安全的分量明显要大于对外，以国内安全稳定为本，先内后外、内外互补的战略思路十分明确。这在习近平总书记的相关论述中得以体现，他在首次中央国家安全委员会会议上指出：“贯彻落实总体国家安全观，必须既重视外部安全，又重视内部安全，内求发展、求变革、求稳定、建设平安中国；对外求和平、求合作、求共赢、建设和谐世界。”① 只有国家内部安全稳定了，外部世界和平才有坚实的基础，也只有外部世界和平了，国家内部安全才有基本的条件。

（二）包容共赢、命运共同

如何处理好同外部世界的关系，是实现中华民族伟大复兴新征程上，我们必须回答的时代课题。总体国家安全观的提出，就是对这个问题的最好回应，具有很强的包容性，突出强调和谐共处、合

① 中共中央党史和文献研究院．习近平关于总体国家安全观论述摘编［M］．北京：中央文献出版社，2018：4-5.

作共赢。习近平总书记强调：“一个国家要谋求自身发展，必须也让别人发展；要谋求自身安全，必须也让别人安全；要谋求自身过得好，必须也让别人过得好”①。中国对国际社会的建设性态度和立场，不仅是出于对自身力量特点的清醒认识，还在于对逆全球化时代国家安全利益及其实现方式的深刻理解。“三要三让”体现了总体国家安全观具有包容共赢、命运共同的特征。事实已经证明而且继续证明，中国的发展是世界的机遇，中国越发展，越能给世界带来更多的机会和实惠。中国领导人深信，唯有开放、包容、共享、多赢，尊重各国各地区人民的愿望和选择，中国才能在国际社会上得到别人发自内心的尊重，中国的全球影响力和领导力才能得以确立，“中国梦”也才能得到牢固构筑。强调“包容共赢、命运共同”，为全人类作出更大贡献，正是中国特色国家安全观在国际上的生命力和号召力之所在。此外，“中国正在认真推动各大国客观理性看待彼此战略意图，尊重各自利益关切，加强协调合作，着力构建面向21世纪的新型大国关系，这也体现了‘包容共赢、命运共同’的中国国家安全理念”②。

（三）经济优先、维护权益

中国和世界的互动是立体化的互动，涵盖了经济、社会、文化等诸多领域，而在未来较长的时期内，经济仍是互动的核心要素，

① 习近平．在“世界和平论坛”开幕式上的讲话［N］．人民日报，2012－7－8（001）．

② 本书编写组．总体国家安全观教育读本［M］．北京：光明日报出版社，2016：20．

因此，国家安全必须以经济安全为基础。当前，我国经济发展仍处于大有作为的战略机遇期，“要牢牢把握机遇、沉着应对挑战”“以经济建设为中心是兴国之要，发展仍是解决我国所有问题的关键”①。也就是说，中国要塑造国际安全体系，必须不断发展和壮大国家力量尤其是经济力量，经济建设是和平崛起的最佳选择，这既反映出以习近平同志为核心的党中央对我们国家发展目标和国力现状的清醒认识，又是对“韬光养晦、有所作为”原则的战略坚守和灵活运用。但习近平总书记也强调，在发展国家经济力量的同时，绝不会以牺牲国家核心安全利益为代价。随着美国战略东移重返亚太，我们面临的国家安全环境将更加严峻，外部安全压力前所未有，甚至面临战争风险，这对中国的和平崛起提出了严峻挑战，我们必须处理好战争与和平、发展与安全的关系。为此，习近平总书记强调指出：“我们要坚持走和平发展道路，但决不能放弃我们的正当权益，决不能牺牲国家核心利益。任何外国不要指望我们会拿自己的核心利益做交易，不要指望我们会吞下损害我国主权、安全、发展利益的苦果。”② 优先发展经济与维护国家核心利益不存在零和博弈。

（四）义利并举、有所作为

中国主流的儒家传统强调的是重义轻利，而西方现实主义传统

① 习近平．在党的十八届二中全会第一次全体会议上的讲话［N］．人民日报，2013-2-27（001）．

② 习近平．在十八届中央政治局第三次集体学习时的讲话［N］．人民日报，2013-1-30（001）．

强调的是利大于义。总体国家安全观则吸收和借鉴了这两种不同的价值观，形成了中国特色的“义利观”，即义利并举、有所作为。中国既要坚持道义原则，又要以国家利益为重，更要在应对国际安全问题上有所作为。具体来说，要实现和平崛起，就要在重大的国际问题上，敢于为维护世界公平正义出声，勇于为维护国家核心利益表达诉求，善于为维护国家安全做好准备，坚持做到义利并举。在全球安全治理方面，中国要有所作为，就必须扮演好“和平发展的实践者、共同发展的推动者、多边贸易体制的维护者、全球经济治理的参与者”①。2013 年，习近平总书记在同金砖国家领导人会晤时表示：“不管全球治理体系如何变革，我们都要积极参与，发挥建设性作用，推动国际秩序朝着更加公正合理的方向发展，为世界和平提供制度保障”②。此外，习近平总书记还在多个国际场合就全球的安全问题提出中国的治理方案。“胸怀天下的中国人民，在有效利用国际和平环境和经济全球化带来的历史机遇发展自己的同时，也正以自身的繁荣和稳定回馈着当代世界”③。中国特色的国家安全观，体现了中国最高领导层对当前国际国内安全形势的准确判断和对未来保障国家安全工作思路的战略前瞻。在保障国家安全和推动全球安全的伟大进程中，只有坚持义利并举，才能义利兼得；只有做到

---

① 习近平．坚定不移沿着中国特色社会主义道路前进 为全面建成小康社会而奋斗——在中国共产党第十八次全国代表大会上的讲话［M］．北京：人民出版社，2012：12.

② 习近平：携手合作共同发展——在金砖国家领导人第五次会晤时的主旨讲话［EB/OL］．新华网，2013 -3 -28.

③ 本书编写组．总体国家安全观教育读本［M］．北京：光明日报出版社，2016：22.

有所作为，才能实现持久和平。

（五）居安思危、有备无患

“居安思危”是中华民族的优良传统和处世哲学，我们不仅要有“安而不忘危、存而不忘亡、治而不忘乱”的忧患意识，而且“必须清醒地看到，新形势下我国国家安全和社会稳定面临的威胁和挑战增多，特别是各种威胁和挑战联动效应明显。我们必须保持清醒头脑、强化底线思维，有效防范、管理、处理国家安全风险，有力应对、处置、化解社会安全挑战”①。同时，我们更要做到“有备无患”，所谓“备豫不虞，为国常道”（《贞观政要·纳谏》）。习近平总书记强调指出：“面对波谲云诡的国际形势、复杂敏感的周边环境、艰巨繁重的改革发展稳定任务，我们既要有防范风险的先手，也要有应对和化解风险挑战的高招；既要打好防范和抵御风险的有准备之战，也要打好化险为夷、转危为机的战略主动战”②。对于国家安全问题，我们只有未雨绸缪，防患于未然，才能在风险防控中赢得主动，在大国合纵连横中立于不败之地。

---

① 习近平．在十八届中央政治局第十四次集体学习时的讲话［N］．人民日报，2014－4－27（001）．

② 习近平．在新进中央委员会的委员、候补委员和省部级主要领导干部学习贯彻习近平新时代中国特色社会主义思想和党的十九大精神研讨班上的讲话［N］．人民日报，2014－1－6（001）．

第二节　总体国家安全观的重大意义

安全及其安全观关乎党的生死存亡和国家的长治久安，总体国家安全观着眼于当代中国的安全形势和安全需求，继承和发展了我们党的国家安全观。世界正经历“百年未有之大变局”，只有坚持总体国家安全观，对国家安全进行总体性、系统性、科学性布局，才能有效应对日益复杂和严峻的国家安全形势。总体国家安全观不仅对当前的国家安全和未来的国家安全具有指导意义，而且对国家安全工作乃至经济社会发展具有指导意义。

一、总体国家安全观是国家安全理论的最新成果

（一）是马克思主义安全观中国化的最新成果

长期以来，中国共产党坚持运用马克思主义的立场、观点和方法，来认识、分析和研究国家安全问题，形成了中国化的马克思主义国家安全观。改革开放以前，为适应“战争与革命”的时代主题和冷战时期的国际战略格局，我们党形成了以“备战备荒”为核心理念的国家安全观。改革开放以后，为适应“和平与发展”的时代主题，我们党逐步形成了支撑国家和平发展的新国家安全观，先后提出“树立互信、互利、平等和协作的新安全观”“牢固树立综合安全的观念”等思想观点。“总体国家安全观提出的系列新思想新观点新论断，继承和发展了我们党的国家安全观，开拓了中国马克思

主义安全观的新境界”①。

（二）是支撑中国和平发展的重要战略思想

总体国家安全观与和平发展有着密切的内在联系。从安全与发展的关系来看，安全是发展的前提条件，离开安全稳定的国际国内环境，发展就无从谈起；发展是安全的重要基础，只有通过发展增强实力，才能真正确保国家的安全稳定。“从安全与和平发展的关系来看，安全是和平发展的生命线，没有安全就不可能有和平发展，和平发展是以国家安全为基本条件的发展，安全与和平发展相互促进、互为条件，高度融合、有机统一”②。总体国家安全观把可能影响我国和平发展的各种因素都纳入战略视野，全面提升了新形势下的国家安全观，是为国家和平发展提供最大安全保障的战略思想。

（三）是系统开放的国家安全理论体系

习近平总书记关于总体国家安全观的重要论述，已经形成系统化的理论体系。在国家安全地位方面，强调“保证国家安全是头等大事”③；在国家安全形势方面，强调“新形势下我国国家安全和社会安定面临的威胁和挑战增多，特别是各种威胁和挑战联动效应明

① 本书编写组．总体国家安全观教育读本［M］．北京：光明日报出版社，2016：23.

② 本书编写组．总体国家安全观教育读本［M］．北京：光明日报出版社，2016：23.

③ 中共中央党史和文献研究院．习近平关于总体国家安全观论述摘编［M］．北京：中央文献出版社，2018：3.

显"①；在国家安全内容方面，明确提出包括"政治安全、国土安全、军事安全、经济安全、文化安全、社会安全、科技安全、信息安全、生态安全、资源安全、核安全"等十六个重点领域；在国家安全要素定位方面，强调"以人民安全为宗旨，以政治安全为根本，以经济安全为基础，以军事、文化、社会安全为保障，以促进国际安全为依托"②；在国家安全工作的原则方法方面，强调"要遵循集中统一、科学谋划、统分结合协调行动、精干高效的原则，聚焦重点，抓纲带目"③。同时，总体国家安全观是不断发展的开放体系，会随着国家安全与发展战略的推进而不断拓展。2020 年 2 月 14 日，在中央全面深化改革委员会第十二次会议上，习近平总书记强调要"把生物安全纳入国家安全体系，系统规划国家生物安全风险防控和治理体系建设，全面提高国家生物安全治理能力"④，2020 年 10 月，《中华人民共和国生物安全法》正式将生物安全纳入国家安全体系，使总体国家安全观更加完善和丰富，形成了更加科学的思想理论体系。

二、总体国家安全观是国家治理现代化的价值引领

总体国家安全观是新时代中国特色社会主义思想的重要组成部

---

① 中共中央党史和文献研究院．习近平关于总体国家安全观论述摘编［M］．北京：中央文献出版社，2018：6.

② 中共中央党史和文献研究院．习近平关于总体国家安全观论述摘编［M］．北京：中央文献出版社，2018：4.

③ 中共中央党史和文献研究院．习近平关于总体国家安全观论述摘编［M］．北京：中央文献出版社，2018：5.

④ 习近平．在中央全面深化改革委员会第十二次会议上的讲话［N］．人民日报，2020－2－15（001）.

分。总体国家安全观的提出，充分体现了我们党对国家安全发展规律的精准把握，是对国家安全理论的重大创新，是新时代指导国家安全实践的强大思想武器。习近平总书记强调："要准确把握国家安全形势变化新特点新趋势，坚持总体国家安全观，走出一条中国特色国家安全道路。"① 习近平总书记指出，国安才能国治，治国必先治安。保证国家安全，是完善和发展中国特色社会主义制度，推进国家治理体系和治理能力现代化的重要内容。"坚持总体国家安全观，体现在治理实践上，就是推进国家安全总体治理；走出一条中国特色的国家安全道路，就是安全的各领域、各要素、各层面统筹治理，创建当代中国国家安全治理系统格局。"② 维护国家安全，必须把总体国家安全观置于国家治理之中，以安全治理为基本路径，引领国家治理现代化。

安全治理是以安全为目的的治理活动。维护安全是国家的主要职能，不同的社会制度和不同的安全形势，需要不同的安全治理模式。习近平总书记强调："当前我国国家安全内涵和外延比历史上任何时候都要丰富，时空领域比历史上任何时候都要宽广，内外因素比历史上任何时候都要复杂。"③ 这就决定了我国在新的时代背景下，国家安全治理不同于以往任何时候的治理模式，而是要根据中国特色社会主义制度要求和当前面临的国内外安全形势，进行全面

① 习近平. 在中央国家安全委员会第一次会议上的讲话 [N]. 人民日报，2014-4-16 (001).

② 本书编写组. 总体国家安全观教育读本 [M]. 北京：光明日报出版社，2016：23.

③ 中共中央党史和文献研究院. 习近平关于总体国家安全观论述摘编 [M]. 北京：中央文献出版社，2018：4.

系统的安全治理。“既重视外部安全又重视内部安全、既重视国土安全又重视国民安全、既重视传统安全又重视非传统安全、既重视发展问题又重视安全问题、既重视自身安全又重视共同安全。”① 深入推进国家安全治理体系和治理能力现代化，实现国家安全的总体治理。

安全治理是国家治理的重要组成部分，但两者又是相互支撑、相互促进的关系。2019年10月，十九届四中全会通过的《中共中央关于坚持和完善中国特色社会主义制度　推进国家治理体系和治理能力现代化若干重大问题的决定》，把安全治理纳入国家治理体系，“使安全治理能力依托国家治理能力；国家治理效能依赖安全治理效能”②。具体来说，国家安全治理体系和治理能力现代化，是国家治理体系和治理能力现代化的重要前提和基础；没有国家安全治理体系和治理能力的现代化，就没有国家治理体系和治理能力的现代化。安全治理营造的良好环境，为国家治理提供了必要条件；国家治理能力的提升，也为安全治理能力的增强奠定了坚实基础。

三、总体国家安全观是维护国家安全的科学指南

（一）指导我们准确判断国际国内安全环境

习近平总书记面对“世界百年未有之大变局”，秉持“立足于

① 中共中央党史和文献研究院．习近平关于总体国家安全观论述摘编［M］．北京：中央文献出版社，2018：7.
② 本书编写组．总体国家安全观教育读本［M］．北京：光明日报出版社，2016：25.

忧患，取法乎上乘”的安全理念，明确提出“三大趋势”“三个前所未有”和“三个重大危险”的战略判断。即“从外部环境来看，国际形势风云变幻，当今世界是一个新机遇新挑战层出不穷、国际体系和国际秩序深度调整、国际力量对比深刻变化并朝着有利于和平与发展方向变化的世界；从中国发展的阶段性特征来看，中国前所未有地靠近世界舞台中心、前所未有地接近实现中华民族伟大复兴的目标、前所未有地具有实现这个目标的能力和信心；从中国国家安全面临的威胁来看，主要存在国家被侵略、被颠覆、被分裂的危险，改革发展稳定大局被破坏的危险，中国特色社会主义进程被打断的危险”①。当前，“我国正处于跨越‘中等收入陷阱’并向高收入国家迈进的历史阶段，矛盾和风险比从低收入国家迈向中等收入国家时更多更复杂”②。习近平总书记的战略判断，科学地回答了我们处于什么环境、站在什么方位、面临什么挑战等基本问题，体现了对国际战略格局和周边形势发展的精准把握，为国家安全治理提供了根本遵循。

（二）指导我们坚持走中国特色国家安全道路

中国共产党领导是中国特色社会主义最本质的特征。习近平总书记从世情国情实际出发，强调必须毫不动摇坚持党对国家安全工作的绝对领导。明确“坚持党对国家安全工作的领导，是做好国家

① 孙建国. 坚定不移走中国特色国家安全道路［J］. 国际问题研究，2015（02）：1-11，141.

② 中共中央党史和文献研究院. 习近平关于总体国家安全观论述摘编［M］. 北京：中央文献出版社，2018：70.

安全工作的根本原则”①；“我们党要巩固执政地位，要团结带领人民坚持和发展中国特色社会主义，保证国家安全是头等大事”②；“新的征程上，我们必须增强忧患意识、始终居安思危，贯彻总体国家安全观，统筹发展和安全，统筹中华民族伟大复兴战略全局和世界百年未有之大变局”③ 等。这些重要论述深刻阐明了党在国家安全中的核心领导地位，“揭示了国家安全各领域各要素的功能作用和相互关系，契合了我国社会主义制度、和平发展战略和优秀文化传统的内在要求，体现了在安全领域的道路自信和可持续发展，为筹划指导国家安全工作指明了方向”④，是坚持走中国特色国家安全道路的行动指南。

（三）指导我们高效运筹国家安全总体布局

新时代的总体国家安全观，体系完善、布局科学。在国家安全领导体制方面，设立了中央国家安全委员会，习近平总书记亲自担任委员会主席，加强党对国家安全工作的领导；在国家安全框架设计方面，建立起了以人民安全为宗旨，以政治安全为根本，以经济安全为基础，以军事、文化、社会安全为保障，以促进国际安全为依托“五位一体”的国家安全架构；在国家安全保障机制方面，出

---

① 中共中央党史和文献研究院．习近平关于总体国家安全观论述摘编［M］．北京：中央文献出版社，2018：13.

② 中共中央党史和文献研究院．习近平关于总体国家安全观论述摘编［M］．北京：中央文献出版社，2018：3.

③ 习近平．在庆祝中国共产党成立100周年大会上的讲话［N］．人民日报，2021－7－2（002）.

④ 本书编写组．总体国家安全观教育读本［M］．北京：光明日报出版社，2016：26.

台了《中华人民共和国国家安全法》《中华人民共和国反间谍法》《中华人民共和国反恐怖主义法》《中华人民共和国生物安全法》等法律法规，为维护国家安全提供有力的法治保障；在国家安全教育方面，强调重视国家安全宣传教育，增强全民国家安全意识；在武装力量建设方面，强调“国防和军队建设是国家安全的坚强后盾”①，努力建设“召之即来、来之能战、战之必胜”的威武之师；在国家安全执行机制方面，要注重综合施策、多管齐下，统筹运用政治、经济、军事等各种手段，形成维护国家安全的强大整体合力。这些重要的战略布局，“构建起高效权威的国家安全工作领导体制，形成了依法加强国家安全建设的基本格局，明确了维护国家安全的基本力量及其运用方式”②，为高效运筹国家安全总体布局提供了科学指引。

四、总体国家安全观是实现中华民族伟大复兴的根本保证

（一）为构建新型大国关系提供根本保证

大国是影响世界和平的决定性力量，运筹好大国关系对维护国家安全具有重要的战略意义。中美关系是当今世界最重要的大国关系，维护好中美关系将对世界安全格局产生积极影响。2013 年 6 月，习近平总书记在中美两国元首会晤中提出了“不冲突不对抗，相互

① 中共中央党史和文献研究院．习近平关于总体国家安全观论述摘编［M］．北京：中央文献出版社，2018：52.

② 本书编写组．总体国家安全观教育读本［M］．北京：光明日报出版社，2016：26.

尊重，合作共赢”的重大倡议，为中美新型大国关系明确了基本原则，也为处理大国关系提供了崭新思路，赢得了国际社会的广泛认可。在中美新型大国关系框架下，习近平总书记又提出构建“尊重、互信、合作、稳健”的新型军事关系。

（二）为保持周边稳定态势提供根本保证

中国有句老话叫“周边不靖，国将不宁”。当前，我国周边地区保持总体稳定态势，但不稳定不确定因素也在增加。2013 年 10 月，在中央周边外交工作座谈会上，习近平总书记明确提出的“亲、诚、惠、容”外交理念，以及亲自提出的“一带一路”倡议，为维护地区和平稳定明确了发展方向，也是推动中国特色大国外交的战略决策。2014 年 5 月，习近平总书记在亚信峰会上提出“共同、综合、合作、可持续”的亚洲安全观，为维护亚洲乃至世界安全稳定提供了新思路。“‘大周边’外交战略指导和布局的日臻完善，对保障我国战略安全、拓展战略空间、突破遏制我国的战略包围具有重大意义”①。同时，注重与印度发展战略合作伙伴关系，有效保持了边境地区的和平安宁；始终坚持朝鲜半岛无核化，强调通过对话和平解决争端，有力维护了半岛局势的总体稳定，为保持周边稳定态势提供根本保证。

（三）为维护政治安全和政权安全提供根本保证

在总体国家安全中，政治安全是根本。政治安全主要是指国家

---

① 孙建国．坚定不移走中国特色国家安全道路——学习习近平主席总体国家安全观重大战略思想［J］．求是，2015（5）：53－56.

制度和国家政权的安全，在我国，“政治安全表现为中国共产党执政的国家政权和所施行的社会主义制度牢固有力，获得人民的广泛认同、接纳、拥护，具有广泛的群众基础和号召力、组织力、执行力”①。习近平总书记强调，要“坚持把政治安全放在首要位置，维护政权安全和制度安全”②。这关乎社会主义的前途命运，关乎党和国家的长治久安。我们必须坚持中国共产党的领导，不断增强“四个意识”，坚定“四个自信”，坚决做到“两个维护”，努力打好意识形态主动仗，坚持全面从严治党，确保我们党永葆生机活力；坚持发展才是硬道理的战略思想，夯实国家繁荣富强、人民幸福安康、社会和谐稳定的物质基础。与此同时，“严厉打击各种颠覆违法活动，粉碎敌对势力策动‘颜色革命’图谋，全力打赢维护社会政治稳定的硬仗；对国内暴恐势力保持严打高压态势，牢牢掌握了反暴恐斗争主动权；加强互联网管理，综合治理网络生态，弘扬主旋律，传播正能量，净化了网络环境，保持了社会和谐稳定”③。为维护政治安全和政权安全提供根本保证。

（四）为国防和军队建设提供根本保证

习近平总书记强调：“我们捍卫和平、维护安全、慑止战争的手

① 陈锡敏．总体国家安全观教育需把握的几个着力点［J］．思想理论教育，2021（5）：97－101.

② 习近平在中央政治局第二十六次集体学习时强调：坚持系统思维构建大安全格局 为建设社会主义现代化国家提供坚强保障［N］．人民日报，2020－12－13（001）.

③ 孙建国．坚定不移走中国特色国家安全道路——学习习近平主席总体国家安全观重大战略思想［J］．求是，2015（5）：53－56.

段和选择多种多样，但军事手段始终是保底手段”①，“国防和军队建设是国家安全的坚强后盾”②。贯彻总体国家安全观和维护国家总体安全，对国防和军队建设提出了新要求，党的十八大以来，我们紧紧围绕新形势下的强军目标，对国防和军队进行了革命化、现代化、正规化建设，开启了强军兴军的新篇章。始终把党的领导作为维护国家安全和社会稳定的最大压舱石，毫不动摇地坚持党对军队绝对领导的根本原则和制度；适应形势任务变化，创新发展军事战略指导，充分发挥军事力量对实现国家安全战略目标的重要支撑作用；按照“能打仗、打胜仗”的核心要求拓展深化军事斗争准备，着力提升军队维护国家安全的实际能力；坚持以深化改革为强军兴军的不竭动力，努力建设与国家安全与发展利益相适应的巩固国防和强大军队；紧紧抓住作风建设持续用力，确保我军血脉永续、根基永固、优势永存。为国防和军队建设实现强军目标提供根本保证。

---

① 中共中央党史和文献研究院．习近平关于总体国家安全观论述摘编［M］．北京：中央文献出版社，2018：66.

② 中共中央党史和文献研究院．习近平关于总体国家安全观论述摘编［M］．北京：中央文献出版社，2018：52.

第三章　大学生总体国家安全观培育的背景和意义

开展任何重大主题教育都有其特定时代背景和历史意义。培育大学生总体国家安全观，必然要深入考察我们所处的时代背景。同时，只有深刻理解为什么要培育大学生的总体国家安全观这个基本问题，才能更准确地把握应该怎样培育，这是大学生总体国家安全观培育的出发点和落脚点。

第一节　大学生总体国家安全观培育的时代背景

全面理解和准确把握所处的时代背景和历史境遇，使我们能够更加深刻认识到加强大学生总体国家安全观培育的重要性和紧迫性，这是培育大学生总体国家安全观的重要前提。

一、国际战略格局发生深刻演变

面对国际社会的风云变幻，习近平总书记作出“世界正经历百年未有之大变局”的战略论断，为准确把握国际形势指明了方向。当前，国际战略格局正在发生深刻演变，传统安全和非传统安全同时面临严峻挑战。

（一）政治多极化加速推进

当前，以中国为代表的亚洲文明正强势复兴，引领世界构建人类命运共同体，俄罗斯、印度、东盟等国家和国际组织也异军突起；美国为了追求永久霸权地位，实现自身利益的最大化，泛化“国家安全”概念，通过发动贸易战、科技战、舆论战等各种方式持续破坏国际规则和国际政治生态；面对英国的决绝“脱欧”，欧盟为了强化组织认同，通过组建欧洲军队、银行联盟、共同失业保险等方式重新进行自我定位。多极化的政治分合，国际社会面临重新调整、政治互信出现严重透支，好不容易建立起来的安全稳定构架遭遇冲击。

（二）经济全球化持续发展

全球经济走势深刻变革，“以中国和印度为代表的新兴市场国家不仅会成为经济全球化的主要驱动者，而且也将成为全球经济增长新的动力源”①。“国际货币基金组织数据显示，按购买力平价标准

---

① 李向阳．世界面临百年未有之大变局［N］．人民日报，2018－12－24（014）．

衡量，2019 年亚洲 GDP 的全球占比为 34%，而美国与欧盟合计占比为 31%；亚洲对全球经济增长的贡献率更是高达 63%，美国为 11%，欧元区仅为 4%”①。新兴市场国家的快速崛起，加快推动国际货币体系多元化、去美元化，为守住全球经济中心地位，以美国为首的个别发达国家，强势改变贸易规则和经济秩序，推行保护主义、单边主义，迫使新兴市场国家不得不改变以出口为导向的发展模式，经济全球化和自由贸易遭遇重创。此外，各国大规模经济刺激政策导致的全球性产能过剩，以及量化宽松政策导致的全球经济低速增长，也严重阻碍了经济的全球化发展，虽然“逆全球化”暗潮涌动，但经济全球化不可阻挡。

（三）公共安全威胁日趋频繁

在传统安全领域，美国无视联合国有关决议，严重破坏多边主义及其安全机制，导致地缘冲突日益加剧，国际安全架构遭遇新威胁。在现代安全领域，新科技革命走强，“当前新科技与新工业革命持续发力，人工智能、生命科学、量子计算、无人化等日新月异，跨界融合、质变突破、叠加飞跃势头迅猛，其在造福民生和更加便捷的同时，也潜藏着人员失业、安全失控、伦理失序等风险，人类社会传统的生产与生活方式面临颠覆性冲击，大国间高科技竞争更是空前激烈”②。在公共安全领域，如新冠肺炎疫情、埃博拉病毒、

① 中国现代国际关系研究院课题组．世界“百年未有之大变局”全面展开［J］．现代国际关系，2020（1）：19－25，18，59.

② 中国现代国际关系研究院课题组．世界“百年未有之大变局”全面展开［J］．现代国际关系，2020（1）：19－25，18，59.

禽流感等生物安全问题严重危害人类的生命和健康，网络安全、金融安全、文化安全、数据安全等成为新的安全风向标，而防控合作却出现“甩锅”“栽赃”等现象，导致治理赤字不断攀升，加剧了全球危机。

二、“美国优先”加剧大国紧张关系

面对多极化的发展趋势，美国的霸权危机与日俱增，为维持霸主地位，奉行“美国优先”政策，大国竞争成其战略选择。从客观上来看，世界已经进入了大国竞争的时代。

（一）中美竞争

美国视中国为“假想敌”，将“对抗中国”作为国家安全政策的核心，全方位对中国进行围堵打压。在关税、知识产权、高科技等领域打响对华贸易战，通过发表对华政策联名信、涉华政策演讲等方式掀起反华浪潮，通过搞“小圈子”形式在涉台、涉港、南海等问题上加大干涉力度，肆意挑战中国的主权、安全和发展利益。美国还试图“从实力的地位出发”同中国谈话，却遭到了强力反击，但美国不会就此罢休，我们也将不甘示弱，要改变以往韬光养晦的策略，因为只有斗争才能换来和平。可以预见的是，美国搞“新冷战”的意图日益明显，中美关系充满火药味，成为大国紧张关系的热点，并将波及全球。

（二）大国关系加速分化重组

美国在自由贸易、伊核、叙利亚等问题上与欧洲各国分歧凸显，美俄在处理北约东扩、中导条约、委内瑞拉等问题上针锋相对，美国军事霸权加剧大国之间的军备竞赛，瑞典斯德哥尔摩国际和平研究所的最新报告显示，“当前全球军费开支呈快速增长态势，2019年全球军费开支为1.822万亿美元，比上年增长2.6%，美国军费开支增加4.6个百分点、达6490亿美元，相当于排名其后8个国家的军费开支总和”①，对抗风险乃至军事摩擦的风险明显上升。近年来，美国为了遏制中国和俄罗斯发展，试图联合所谓盟友制裁中俄，但美欧之间也并非牢不可破，基于各自利益，貌合神离等种种迹象表明迟早会分道扬镳。最近美国还通过联合英国、澳大利亚组成印太安全伙伴关系（AUKUS）等。拉帮结派对抗中国，导致相关国家不得不选边站队，大国之间的关系呈现出加速分化重组的趋势，世界从未风平浪静。

（三）大国角力迈向“高深远”

在网络和信息领域。美国成立了整合网络攻防与情报搜集的专门机构，借维护国家安全之名，对全球任意目标实施网络打击，同时开展所谓的“信息行动”，以主导全球的社交媒体和网络舆论；俄罗斯出台实施《主权互联网法》，宣布在国家安全遭受威胁时，切断与外部的网络联系，实现网络“纯俄化”。在太空领域，美国于2019年底建立了太空军，将太空认定为“作战领域”，宣称中俄发展太空技术对美国的“太空自由”构成威胁；日本宣布在2020年建

① 中国现代国际关系研究院课题组．世界“百年未有之大变局”全面展开［J］．现代国际关系，2020（1）：19－25，18，59.

立“宇宙作战队”，全面加强与美国开展“太空合作”；印度也宣布将在2021年实现把宇航员送入太空，并加紧推动登月计划。在海洋和极地领域，“美核动力航母首次进入北极，加紧推进北极油气勘探开发，宣称维护北极航道安全是美国的重要利益，联合英国等北约国家频频在北极军演，俄宣布2022年前将投入上千亿卢布推动北极航道开发，鼓励俄私企参与北极大陆架油气资源开发”①，大国角力迈向“高深远”。

三、多元文化深入交融交锋

虽然逆全球化现象暗流涌动，但经济全球化势不可当，无论情愿与否，世界各国都被卷入其中，谁都难以做到独善其身，同时也由此推动各国的政治、文化、社会等走上了世界舞台，进行深度交融与碰撞，这无疑对全球文明和各国发展具有重要推动作用。然而，事物发展总是具有两面性，理论上各种思想文化、意识观念的交融，有利于各民族相互借鉴文明成果，促进彼此共同发展进步，但在现实中，各种文化的交融却无法消解其民族差异性，相反，文化竞争和交锋变得更加明显，甚至引发文明的冲突。其根本原因是全球化发端于西方，特别是西方发达国家，更习惯于将本国的民族文化、价值观念、意识形态等向外展示和推销，并借此推动对世界政治、经济、网络等领域的主导和垄断。

西方的文化和价值观生长于资本主义制度之下，其核心实质是

① 中国现代国际关系研究院课题组．世界“百年未有之大变局”全面展开［J］．现代国际关系，2020（1）：19－25，18，59．

与私有制相符合的个人主义、物质主义，具体表现为极端的利己主义、拜金主义和消费主义等价值观念。它们将国际舞台变为展示本国实力和推销价值观的绝佳场所，并借助经济和科技优势，对所谓的自由、民主、人权等进行美化和包装，再冠以普世价值的美名，通过各种载体和渠道进行渗透，使广大发展中国家特别是缺乏文化自信的弱势国家迷失自己的发展方向，最终沦为西方发达国家的附庸或“代言人”，西方的文化霸权不仅使丰富多彩的世界文化黯然失色，也对发展中国家造成严重影响，有的国家把西方文化价值作为本民族政治、经济、文化和社会的衡量标准，有的学者甚至把全球化等同于西方化、美国化。

对此，邓小平曾深刻地指出：“现在有些同志对于西方各种哲学的、经济学的、社会政治的和文化艺术的思潮，不分析、不鉴别、不批判，而是一窝蜂地盲目推崇。”特别是少部分人文社科学者，在其思想意识中出现了“历史虚无主义”的现象，“不是实事求是地、历史地、辩证地看待本国的社会和历史传统，而是简单地否定，将本国历史完全抛弃，将发展中的本国社会问题简单地归结为历史文化层面的孱弱，认为只有完全摒弃传统文化才可能拥抱全球化语境下的普世价值，进而才可能蜕变为现代国家”①。忘记历史就意味着背叛，如果任由其泛滥横行，民族精神必然遭遇重创，民族自尊和文化自信也将难以提升。

以改革开放为标志，中国主动融入经济全球化的浪潮中，并取

① 陶建新．大学生社会主义核心价值观培育研究：理论与实践的视角［M］．成都：西南财经大学出版社，2015：24.

得了伟大的经济成就，为中华民族伟大复兴奠定了坚实的物质基础。文化与经济相伴相生是国家发展的基本规律，在经济实力不断增强的同时，文化实力也不断发展壮大。当前，中国文化已经走上了世界文化舞台的中央，不仅让其他民族领略到中华文化的独特魅力，而且在经济全球化进程中展现出强劲的文化软实力。在与世界各国文化的交流、合作中，开阔了国人的视野、提升了国人的眼界、丰富了国人的精神世界。但是，我们必须看到的是，随着我国综合国力、国际地位和影响力的不断提升，西方文化和中国文化的竞争也将日益激烈，文化的交融交锋将成为常态，如何在世界民族之林中立于不败之地，是我们不得不面对的现实问题。习近平总书记指出，在新的时代背景下，面对西方文化无孔不入的文化渗透，最有效的应对方式是教育我们的青年人立足于中国优秀的传统文化，因为“博大精深的中华优秀传统文化是我们在世界文化激荡中站稳脚跟的根基”①，要对全国人民特别是青年“加强爱国主义、集体主义、社会主义教育”，引导他们“树立和坚持正确的历史观、民族观、国家观、文化观，增强做中国人的骨气和底气”②。我们只有不断增强文化自信，才能在全球性的文化交融交锋中傲立群雄。

四、智媒体时代的深刻影响

智媒体是指立足于共享经济，充分发挥个人的认知盈余，基于移动互联、大数据、虚拟现实、AI 等新技术的自强化的生态系统，

① 习近平．习近平谈治国理政：第 1 卷［M］．北京：外文出版社，2014：65.
② 习近平．习近平谈治国理政：第 1 卷［M］．北京：外文出版社，2014：65.

形成了多元化、可持续的商业模式和盈利模式，实现信息与用户需求的智能匹配的媒体形态。随着科学技术的飞速发展，人类社会进入了全新的智媒体时代，网络化、智能化、数字化是沟通交流的主要特征，不仅改变了人们的生产方式和生活方式，而且改变了人们的思想意识和价值取向，科技伦理道德风险跃然纸上，人们不得不面对新的挑战。

智媒体时代最显著的特征就是网络化社会。2021 年 9 月，中国互联网信息中心发布的第 48 次《中国互联网络发展状况统计报告》显示，“截至 2021 年 6 月，我国网民规模已达到 10.11 亿，互联网普及率为 71.6%；网民以 20 ~ 49 岁年龄段为主，比例合计达 56.4%，其中，20 ~ 29 岁占 17.4%，大专科及以上学历占 19.8%，几项指标均为最高”①。相关调查表明，大学生的上网率几乎达到 100%。由此可见，新时代的大学生已经成为网络社会的主流，由于他们受教育的程度较高，在网络上的活跃度、影响力自然更大，在网络社会中具有很强的示范效应，他们的学习和生活方式、思想观念、价值取向等深受互联网的影响。

由于网络空间的虚拟性和网民身份的隐蔽性，网络很容易被别有用心之人利用进行违法犯罪，如某些网络间谍通过网络诱导大学生帮助窃取国家机密的案件屡见不鲜。那些落后、丑陋、非人性的意识、观念和行为，在网络交流中与先进、合理的思想意识和行为发生尖锐的矛盾与冲突，无形中也影响了大学生的价值选择和心理

① 中国互联网络信息中心．第 48 次中国互联网络发展状况统计报告［R/OL］．中国互联网络信息中心网站，2021 - 9 - 23.

认同。更值得注意的是，西方正借助其媒体及其话语优势，竭力“去马克思主义意识形态”。因此，如何确保意识形态安全成为极端重要的工作。

五、中国社会转型期的安全风险

习近平总书记在党的十九大报告中强调指出：“中国特色社会主义进入新时代，我国社会主要矛盾已经转化为人民日益增长的美好生活需要和不平衡不充分的发展之间的矛盾。”① 这是我国社会转型的重要标志，为我们准确把握社会发展规律、解决社会发展问题提供了根本遵循。

所谓社会转型，“是指中国社会从传统社会向现代社会、从农业社会向工业社会、从封闭性社会向开放性社会的社会变迁和发展”②。具体表现为：在民生福祉方面，从贫困社会向小康社会转变；在体制机制方面，从社会管理向社会治理转变；在公平正义方面，从金字塔型社会向橄榄型社会过渡；在生活消费方面，从生存型消费向发展型消费转变。在其中，经济的基础性地位起到了决定性作用，整个中国的政治、经济、文化和社会生活等也由此发生了根本性变革。历史经验告诉我们，社会变革必然伴随着各种社会问题的出现，甚至引发不确定的安全风险问题，所以说转型期也是阵

① 习近平．决胜全面建成小康社会夺取新时代中国特色社会主义伟大胜利——在中国共产党第十九次全国代表大会上的讲话［EB/OL］．新华网，2017－10－27.

② 陆学艺，景天魁．转型中的中国社会［M］．哈尔滨：黑龙江人民出版社，1994：2.

痛期，这是现代化的艰难历程，也是社会发展的基本规律，只要我们正视现实，勇于自我革新，就能够从容应对，有效化解各种安全风险。

中华人民共和国成立以来特别是改革开放以来，我们党团结和带领全国人民进行了不懈奋斗，取得了伟大成就，成为世界第二大经济体，为中华民族伟大复兴奠定了坚实的物质基础。随着市场经济的深入拓展，经济的所有制和分配方式实现了多样化发展，不同的社会阶层所处的地位和扮演的角色不同，出现了明显的分化与组合，新的社会阶层和利益群体的产生，打破了原有的利益格局，“不同的利益群体，必然出现不同的权利意识和利益主张，他们在维护自身既得利益和对未来预期利益实现过程中，必然产生分歧、矛盾甚至冲突”①。在教育、就业、医疗、住房等民生领域还没有完全实现社会公平的情况下，部分群众的生活压力、工作压力还是比较大。“我国在市场化的转型过程中，收入分配差距呈现长期上升的态势，我国的基尼系数从改革开放初期的 0.30 上升到 2008 年的 0.49，之后略有回落，近年来稳定在0.47 左右”②。同时，由于我国的人口基数大，先进科技利用还不充分，对资源的过度依赖和对环境的过度破坏，也引发人与自然的紧张关系，严重影响了人们的生产生活质量。党的十九届五中全会通过的《中共中央关于制定国民经济和社会发展第十四个五年规划和二〇三五年远景目标的建议》提出，到

---

① 陶建新. 大学生社会主义核心价值观培育研究：理论与实践的视角 [M]. 成都：西南财经大学出版社，2015：10.

② 孙凤. 70 年来中国社会转型的“四个向度” [J]. 人民论坛，2019 (29)：35 - 37.

2035年基本实现社会主义现代化远景目标是："人均国内生产总值达到中等发达国家水平，中等收入群体显著扩大，基本公共服务实现均等化，城乡区域发展差距和居民生活水平差距显著缩小。"① 随着我国治理体系的不断完善、治理能力的不断提升，人们向往的美好生活必将成为现实。

经济是社会转型的最大变量。习近平总书记指出："当前我国经济形势总体是好的，但经济发展面临的国际环境和国内条件都在发生深刻而复杂的变化，推进供给侧结构性改革过程中不可避免会遇到一些困难和挑战，经济运行稳中有变、变中有忧"②。在市场经济发展过程中，从微观层面来看，个人以追逐个体利益为最高原则，现实中有的人急功近利，期望以最小的投入获取最大的收益，功利主义极为严重，而忽视了社会的整体利益；有的人以金钱论成败，导致诚信缺失、道德失范事件时有发生；有的人则利用公权力贪污腐败，严重损害了党和政府的公信力；等等。转型时期的经济问题必然反映在人们的社会心态上，负面社会心态的存在和蔓延，不仅影响到经济的发展，也会影响到社会的安全稳定。从宏观层面来看，党的十八大以来，我国的经济实现了快速增长，经济总量稳居世界第二，人们从快速增长的经济当中获得更高收入，生活水平明显提升，相应的，人们对美好生活的期许，也更多地依赖于经济的快速

① 习近平．中共中央关于制定国民经济和社会发展第十四个五年规划和二〇三五年远景目标的建议［N］．人民日报，2019－11－6（001）．

② 习近平．提高防控能力着力防范化解重大风险 保持经济持续健康发展社会大局稳定——在省部级主要领导干部坚持底线思维着力防范化解重大风险专题研讨班开班式上的讲话［J］．党建，2019（2）：6－8．

增长，并成为某种习惯。但转型期的经济结构、制度安排等不可能快速跟进和完善，人们的发展规划也存在不少缺陷，在面对国内外经济形势问题时，人们的风险意识和抗风险能力也往往偏弱。如新冠肺炎疫情在全球爆发，不仅危及人类的生命和健康，也给全球经济带来了沉重打击，经济增长速度出现放缓甚至是负增长，我们可以预见，全球经济将进入相对萧条的局面，在短期内将难以得到复苏。当经济出现大面积“向坏”时，通货膨胀、高失业率等现象将相继发生，人们的消费能力、生活水准也随之下降。大比例社会成员基本生活水准的大幅度降低，势必会催生普遍的不满情绪，进而引发或加重社会的矛盾冲突。“以失业现象为例，对于青年人来说，失业不仅仅意味着基本生计成为问题，从某种意义上讲，失业更是意味着希望的丧失，而希望对于青年来说其重要性要远远超过年长者”①。因此，要高度关注青年人的失业问题。虽然我国迅速高效地控制了疫情，并重启经济强劲回升，但在经济全球化浪潮中，国际的经济环境势必会深刻影响我国的经济发展，这是不可回避的事实，如何有效化解可能面临的经济风险及其由此引发的社会问题，是摆在我们面前的重大课题。

---

① 吴忠民．转型期社会矛盾冲突的三个层级及主要影响因素［J］．社会科学，2020（1）：85－101．

第二节 大学生总体国家安全观培育的重要意义

大学阶段是大学生走向社会的关键过渡阶段。大学生的政治素养和思想道德如何，能否用科学的理论武装头脑，能否准确把握时代的发展脉搏，是否有维护国家安全的意识和能力，将直接关系到国家的长治久安，关系到中华民族的伟大复兴，也关系到他们自身的成长成才。习近平总书记在党的十九大报告中强调："加强国家安全教育，增强全党全国人民国家安全意识，推动全社会形成维护国家安全的强大合力。"① 作为重要的国民群体，大学生的总体国家安全意识和维护国家安全能力具有很强的示范效应和辐射带动作用，是维护国家总体安全的中坚力量。因此，大学生总体国家安全观培育工作的顺利推进和目标达成，对于维护国家安全稳定、提升高校思想政治教育质量、个人的成长成才和推动世界和平发展等，都具有十分重要的意义。

一、维护国家安全和社会稳定的客观要求

习近平总书记强调："国家安全和社会稳定是改革发展的前提。"② 当前，我国正处于由大到强的新发展阶段，只有系统的国家

① 习近平．决胜全面建成小康社会夺取新时代中国特色社会主义伟大胜利——在中国共产党第十九次全国代表大会上的讲话［EB/OL］．新华网，2017－10－27．

② 中共中央党史和文献研究院．习近平关于总体国家安全观论述摘编［M］．北京：中央文献出版社，2018：3．

安全保障，才能有更大把握从“将强未强”跃入全面强盛的新时代，才能有更大把握实现中华民族伟大复兴的中国梦。历史经验告诉我们，任何国家由贫到富、由弱到强，必然要经历“成长的烦恼”。从外部环境来看，世界正经历“百年未有之大变局”，虽然在与别国的交往中，中国尊重对方，奉行平等互利，追求和平崛起。但霸权主义、强权政治、冷战思维仍然存在。美国为维持霸主地位，面对中国的强势崛起，使出浑身解数，通过政治颠覆、经济垄断、军事对抗、科技卡脖、文化渗透等方式，对中国进行全方位的围堵打压，个别西方国家也通过各种手段对中国进行围追堵截。同时，基于地缘政治，中国的周边环境也并不太平，因中国快速发展而起的“红眼病”持续蔓延，使中国的和平发展面临前所未有的严峻挑战。从内部环境来看，目前“我国经济发展正处于增长速度换挡期、结构调整阵痛期、前期刺激政策消化期‘三重叠加’阶段”①，面临的各种矛盾、风险和博弈前所未有，除此之外，“暴力恐怖活动、民族分裂活动、宗教极端活动”② 也时有发生，是影响国家安全和社会稳定重要因素。习近平总书记强调：“国家安全内涵和外延比历史上任何时候都要丰富，时空领域比历史上任何时候都要宽广，内外因素比历史上任何时候都要复杂”③。因此，必须加强全民国家安全教育，增强全民国家安全意识，提高全民维护国家安全能力，才能推

---

① 中共中央党史和文献研究院．习近平关于总体国家安全观论述摘编［M］．北京：中央文献出版社，2018：73.

② 中共中央党史和文献研究院．习近平关于总体国家安全观论述摘编［M］．北京：中央文献出版社，2018：14.

③ 习近平．在中央国家安全委员会第一次会议上的讲话［N］．人民日报，2014-4-16（001）.

动形成维护国家安全的强大合力，才能确保国家在和平稳定的环境中走向富强、走向复兴。大学生作为中国特色社会主义建设者和接班人，肩负着维护国家安全和社会稳定的重要使命。通过培育大学生的总体国家安全观，使他们具备维护国家安全的坚定信念和维护国家安全的使命担当以及维护国家安全的高超本领，才能真正有效维护国家的总体安全与社会的和谐稳定。

二、提升高校思想政治教育质量的现实需要

培育大学生总体国家安全观是高校思想政治教育的重要内容。从培育内容来看，总体国家安全观主要包括“六个顶层设计思路”“五个既重视又重视”“十六个安全”和“四个国际安全理念”等以及相关的国家安全法律法规。思想政治教育主要包括思想教育、政治教育、道德教育和法律教育等。两者在内容上具有契合性、互补性，可以说，总体国家安全观在内容上丰富和拓展了思想政治教育的内容体系。从培育目标来看，总体国家安全观培育的目标是使学生能够深入理解和准确把握总体国家安全观，牢固树立国家利益至上的观念，增强自觉维护国家安全的意识，具备维护国家安全的能力。高校思想政治教育的目标是通过提高学生的思想水平、政治觉悟、道德品质、文化素养等，让他们真正成为“有理想、有本领、有担当”的时代新人。两者在目标上具有同构性、同向性，其根本目的都是致力于为国家塑造和培养能够担当民族复兴大任的时代新人。从培育方法来看，两者都需要通过理论传授、社会实践、校园文化活动等方法来实现培育目标，具有紧密的联动性与交融性。如：在思政课教学中融入政治安全、社会安全、文化安全等总体国家安

全观培育的相关知识，有助于引导大学生树立正确的国家观、民族观、宗教观、历史观、文化观，进而不断增强“五个认同”；在高校其他课程的教学中吸收、挖掘总体国家安全观相关元素，对创新发展“课程思政”和构建高校“大思政”格局都具有积极的促进作用，能够有效增强大学生的爱国主义精神、政治责任感、社会责任感和忧患意识。因此，总体国家安全观培育和思想政治教育是相辅相成、互相促进的关系。从作为上位概念的思想政治教育观之，总体国家安全观培育既丰富了思想政治教育的内容，又拓展了思想政治教育的目标和途径，是提升高校思想政治教育质量的现实需要。

三、大学生健康成长顺利成才的内在需要

培育大学生总体国家安全观，不仅有利于维护国家安全，而且有利于促进大学生的健康成长和顺利成才。通过接受总体国家安全观培育，大学生才能够保持清醒的头脑，具备较高的对国家安全威胁的辨识、判断和甄别能力，掌握维护国家安全的科学方法和有效策略。在面对涉及国家安全事件发生时，才能够沉着应对和从容化解，从而维护好国家的利益和自身的安全。纵观历年媒体公开的相关报道，涉及参与危害国家安全的大学生逐年增多。如：大学生在上网过程中被境外间谍引诱，向其提供危害国家安全的信息并获取可观的报酬；或接受境外资助的所谓科研项目，为境外提供涉及国家安全的数据资料；有些涉案的大学生虽然中途意识到自己的行为危害了国家安全，却不知如何脱身，导致越陷越深而走上不归路，等等。这些正说明了大学生缺乏国家安全威胁的辨识、判断和甄别能力，缺乏处理国家安全事件的途径和方法，结果受到法律惩处，

个人前途因此被葬送。因此，总体国家安全观培育是护航大学生成长成才的有效方式。大学生只有接受总体国家安全观培育，才能具备维护国家安全的坚定意志，具备应对危害国家安全的处置能力，有效维护自身的安全和利益不受侵害。在信息化时代，网络已经成为大学生学习生活的主场，也成为大学生参与危害国家安全的新空间。如果没有接受系统的总体国家安全观培育，大学生就会缺乏网络保密意识、网络安全意识和网络边界意识，无法了解信息安全对国家安全的重要性，无法认清我国网络安全所面临的严峻挑战，也难以树立网络安全观念和增强网络法制意识。只有接受总体国家安全观培育，自觉增强网络安全意识，清晰识别网络安全面临的威胁和挑战，科学掌握维护网络安全的途径和方法，才能确保自身得以健康成长和顺利成才。

四、构建人类命运共同体的必然选择

习近平总书记在联合国日内瓦总部的演讲中提出“构建人类命运共同体，实现共赢共享”①，得到世界各国和人民的支持和赞同。这是21世纪中国共产党对历史唯物主义的原创性思想贡献，是中国共产党独特的世界前途观和人类发展观，是中国站在真理和道义制高点，并深刻把握全球治理赤字、信任赤字、和平赤字、发展赤字等问题而提出的“中国方案”，体现了中国对文明本质的哲学阐明和大国担当，超越了“修斯底德陷阱”“新自由主义”“文明冲突论”

---

① 习近平．共同构建人类命运共同体——在联合国日内瓦总部的演讲［EB/OL］．新华网，2017－1－19．

“西方中心主义”等。其有利于延长我国发展的战略机遇期，是实现中华民族伟大复兴的目标要求；有利于推动国际社会实现互利共赢、永久和平。面对西方国家的遏制打压和“逆全球化”风潮，中国要敢于斗争、善于斗争，努力改变强权政治、霸权主义、零和博弈的国际竞争逻辑，探索和推动建立更具包容性、平衡性、互利共赢的“人类命运共同体”方案。新时代的大学生将会登上未来的世界舞台，扮演着推动构建“人类命运共同体”的重要角色，他们的国家安全意识和维护世界共同安全的能力如何，直接决定着我国在世界舞台上能否赢得维护自身安全的主动权，决定着我国在推动构建“人类命运共同体”实践中的话语分量和行动力量，因此，培育大学生的总体国家安全观，让他们深刻理解国内安全与国际安全的关系，深刻认识自身安全与共同安全的关系，系统掌握化解国际风险挑战的途径和方法，成为“世界和平的建设者、全球发展的贡献者、国际秩序的维护者”①，这对如期实现中华民族伟大复兴和推动构建“人类命运共同体”都具有十分重要的战略意义。

---

① 习近平．携手建设更加美好的世界——在中国共产党与世界政党高层对话会上的主旨讲话［N］．人民日报，2017－12－2（002）．

第四章 大学生总体国家安全观培育的现状和经验

我国历来高度重视大学生的国家安全教育工作，特别是党的十八大以来，教育部、地方政府和高校都制定出台了国家安全教育的通知或方案，并推动深入开展，取得了良好成效。了解并总结大学生总体国家安全观培育的基本现状和重要经验，对于构建大学生总体国家安全观培育新格局具有重要意义。

第一节 大学生总体国家安全观培育的基本现状

大学生总体国家安全观培育主要是通过国家安全教育来实现，自习近平总书记首次提出总体国家安全观以来，在大学生国家安全教育的活动形式、制度安排、教材建设、学科建设、教育教学、基地建设、资源开发、队伍建设、评价机制等方面呈现出良好态势，为总体国家安全观培育搭建起坚固的支持框架。

一、全民国家安全教育日活动的概况

2015 年 7 月 1 日，全国人大常委会通过的《中华人民共和国国家安全法》第十四条规定，每年 4 月 15 日为全民国家安全教育日。以法律形式把国家安全教育固定下来，为国家安全教育提供了法律依据和制度保障。相关的研究和实践也呈现出前所未有的发展势头。从 2016 年首个全民国家安全教育日起，国家层面每年都有明确的全民国家安全教育日活动主题，各行业各领域也结合自身特点明确了主题，并开展了形式多样的国家安全教育活动，且呈现出日益丰富的发展态势。大学生作为全民国家安全教育的重要对象，在每年的全民国家安全教育日活动中扮演着重要角色，大学生不仅是国家安全教育的主要对象，而且是国家安全宣传教育的主力军，在参与宣传教育的实践中接受教育。

（一）2016 年的全民国家安全教育日

2016 年的全民国家安全教育日的主题是“国家安全是头等大事”。各地各部门围绕主题深入开展全国首个全民国家安全教育日的相关活动。高校更是活动的主体，纷纷组织开展国家安全宣传教育活动，营造浓厚的国家安全宣传教育氛围。如：北京交通大学保密协会举办了主题为“常怀保密之心，共建网络安全”的宣传活动。活动“邀请中央和国家机关保密教育实训平台讲解员，采用边解说边演示的方式，展示日常工作生活中可能遭遇的窃听、窃视行为，以此提升广大师生的保密意识”①。

（二）2017 年的全民国家安全教育日

2017 年的全民国家安全教育日的主题是“以人民安全为宗旨”。各地各部门围绕总体国家安全观战略思想，以讲座、展板、演出、法律咨询等方式开展了各类主题的宣教活动，通过传播国家安全知识，增强了公众自觉维护国家安全的意识。如北京航空航天大学专门策划了名为“间谍 X 的现身”的游戏活动，学生按照学校“平安校园”微信公众号的相关提示，四处寻找“可疑人物”，找到“间谍”的同学可通过回答国家安全法等法律相关问题赢取奖励。这种集合了实用性、针对性、趣味性和体验式的教育活动深受大学生的喜爱。又如，北京市委教育工委与清华大学马克思主义学院专门开设了“当前国际格局与安全形势”课程，学生通过接受权威专家的解读，深入了解国家安全面临的严峻形势与挑战。此外，各高校也纷纷开展寓教于乐、喜闻乐见的国家安全教育实践活动，不断增强国家安全宣传教育的效果。

（三）2018 年的全民国家安全教育日

2018 年的全民国家安全教育日的主题是“开拓新时代国家安全工作新局面”。各地各部门围绕主题开展了形式多样的国家安全教育活动。在高等教育领域更是精彩纷呈，如北京工业大学通过举行消

---

① 张汉姝．北京交通大学：点亮首个全民国家安全教育日［J］．保密工作，2016（5）：37.

防演练活动，以生动直观的形式，让大家熟练掌握火灾报警、扑救及疏散逃生等技能；复旦大学师生自导自演了总体国家安全观主题的微影视话剧《海上花》；清华大学积极利用新媒体形式进行安全知识的宣传，推出了国家安全知识答题的H5互动页面，以10道选择题来测试安全知识水平，以提升师生的国家安全意识。

（四）2019年的全民国家安全教育日

2019年的全民国家安全教育日的主题是“坚持总体国家安全观，着力防范化解重大风险，庆祝中华人民共和国成立70周年”。为树立公民国家安全意识，自觉关心和维护国家安全，各地都举办了丰富多彩的国家安全学习教育活动。教育部通知各级各类学校集中开展以“千万学生同上一堂国家安全教育课”为主题的国家安全宣传教育活动。如西南大学的大学生宣讲团通过对网络安全、科技安全、文化安全、海外利益保护等方面的宣讲，让现场同学们加深了对总体国家安全观的认识和理解，全市600万名大、中、小学师生通过网络直播进行了收看，受益面广、影响力大。

（五）2020年的全民国家安全教育日

2020年的全民国家安全教育日的主题是“坚持总体国家安全观，统筹传统安全和非传统安全，为决胜全面建成小康社会提供坚强保障”。各地各部门结合疫情防控突出对公共卫生安全、生物安全等非传统安全的教育，因受疫情影响，线上教育成为主要的方式和途径，主流媒体通过挂图方式开展国家安全宣传教育。教育部办公厅印发《关于组织开展2020年全民国家安全教育日宣传教育活动的通知》，要求各地各校结合疫情防控形势和学校工作实际，组织师生开展线上讨论、主题“云”班会、在线党团活动等进行交流学习。教育部还组织录制2020年全民国家安全教育日高校公开课，4月15日前在中国大学生在线、易班、国家开放大学网站及有关在线教育平台发布，高校学生可错峰错时观看学习。

（六）2021年的全民国家安全教育日

2021年的全民国家安全教育日的活动主题是“践行总体国家安全观，统筹发展和安全，统筹传统安全和非传统安全，营造庆祝建党100周年良好氛围”。活动内容包括：千万师生同上一堂国家安全教育课、全国高校学生国家安全素养展示活动、全国高校学生国家安全知识线上竞答、“反邪教警示教育进校园”活动、“微博#国家安全日#话题”互动、《一起涨芝士》之国家网络安全特辑等。并在中国大学生在线视频号、快手、B站、微博、抖音等平台发布，以扩大国家安全教育的覆盖面和影响力。活动内容丰富多彩，活动形式灵活多样，契合新时代大学生的视听胃口，取得了显著成效。

二、大学生国家安全教育的制度安排

2018年4月，教育部印发《关于加强大中小学国家安全教育的实施意见》（以下简称《实施意见》）①，明确了构建完善国家安全教育内容体系、研究开发国家安全教育教材、推动国家安全学学科建

① 教育部．教育部关于加强大中小学国家安全教育的实施意见［J］．中华人民共和国教育部公报，2018（4）：4－6.

设、改进国家安全教育教学活动、推进国家安全教育实践基地建设、丰富国家安全教育资源、加强国家安全教育师资队伍建设、建立健全国家安全教育教学评价机制等八项大中小学国家安全教育重点工作。《实施意见》为高校培育大学生总体国家安全观明确了方向。

2020年10月，教育部印发了《大中小学国家安全教育指导纲要》（以下简称《指导纲要》）①，对开展大中小学国家安全教育的总体要求、主要内容、实施途径、考试评价、管理和保障等方面作出了具体指导，同时，还列出了国家安全教育的知识要点。其中，大学生国家安全教育的目标是：大学生应接受国家安全系统化学习训练，增强维护国家安全的责任感和能力。大学生国家安全教育的内容体系主要包括：国家安全的重要性，我国新时代国家安全的形势与特点，总体国家安全观的基本内涵、重点领域和重大意义，以及相关法律法规等。具体包括政治安全、国土安全、军事安全、经济安全、文化安全、社会安全、科技安全、网络安全、生态安全、资源安全、核安全、海外利益安全以及太空、深海、极地、生物等国家安全各重点领域的基本内涵、重要性、面临的威胁与挑战、维护的途径与方法。《指导纲要》为大学生总体国家安全观培育工作提供了重要指导。

三、大学生国家安全教育的教材建设

《实施意见》提出，教育部编制国家安全教材编审指南，明确各

① 教育部．教育部关于印发《大中小学国家安全教育指导纲要》的通知［J］．中华人民共和国教育部公报，2020（12）：6－47．

学段教材编审原则。在大学现有相关课程中丰富和充实国家安全教育的内容，组织编写高校国家安全专门教材，开展优秀国家安全教育教材相关评选和奖励。

目前，市面上可查的国家安全教育相关教材有《总体国家安全观教育读本》（本书编写组，光明日报出版社，2016 年 6 月），但该书的读者对象主要是党政干部。2018 年以后出版的相关教育教材有《国家安全教育小学生读本》（《小学生国家安全教育》编写组，江苏人民出版社，2020 年 8 月）、《国家安全教育初中生读本》（周家亮主编，济南出版社，2020 年 8 月）、《国家安全教育高中生读本》（周家亮主编，济南出版社，2020 年 8 月）、《国家安全教育大学生读本（电子书）》（方士华，首都师范大学出版社，2019 年 6 月）等。2021 年 4 月 14 日，教育部启动了高校《国家安全教育读本》编写工作，将于 2022 年春季学期试教试用，2023 年春季学期全面投入使用。

四、国家安全学学科建设情况

《实施意见》提出："设立国家安全学一级学科。依托普通高校和职业院校现有相关学科专业开展国家安全专业人才培养。教育部遴选一批有条件的高校建立国家安全教育研究专门机构，设立相关研究项目，为国家安全教育教学和相关学科建设奠定基础。各地教育行政部门和高校可结合实际培育建设相关研究机构，组织开展相关研究。"

关于国家安全学一级学科建设，2018 年 5 月 22 日，西南政法大学成立了国家安全学院，培育国家安全学一级学科。2020 年 12 月

30日，国务院学位委员会、教育部发布《关于设置“交叉学科”门类、“集成电路科学与工程”和“国家安全学”一级学科的通知》（学位〔2020〕30号）文件，明确要求各相关单位结合实际条件，加强“国家安全学”学科建设，做好人才培养工作。2021年4月14日，北京师范大学成立了国家安全与应急管理学院，率先建设“国家安全学”一级学科。关于国家安全专业人才培养，华东理工大学于2019年首招硕博研究生；西南政法大学于2018年5月成立国家安全学院并招本硕博学生；陕西师范大学最早于2017年开始招收总体国家安全观高层次人才培养专项计划博士生。北京师范大学也于2021年起进行“本硕博”一体化人才培养。关于成立国家安全教育研究专门机构，中国管理科学研究院于2018年5月5日成立国家安全与社会治理研究中心，国际关系学院于2018年5月27日牵头组建国家安全学学科建设与协同创新中心，华东理工大学于2019年4月15日成立国家安全研究中心，兰州大学于2019年6月11日成立国家安全研究中心，吉林大学于2019年6月18日成立国家发展与安全研究院并于2020年开始招收研究生。

五、大学生国家安全教育教学活动情况

《实施意见》提出：“各地教育行政部门和学校要积极发挥课堂教学主渠道作用，改进教育教学方式方法，组织国家安全教育公开课，运用‘两微一端’等新媒体手段，结合相关学科内容强化国家安全教育。依托少先队、共青团、学生党支部、学生会、学生社团等组织，开展知识竞赛、演讲比赛、文艺表演、社会实践等形式多样的国家安全教育主题活动。规范学生成人仪式宣誓词，增加维护

国家安全方面内容。充分利用全民国家安全教育日、《国家安全法》颁布实施等重要时间节点，组织开展系列特色教育活动，确保总体国家安全观入脑入心。”

全国各高校的国家安全教育教学活动在改进中加强、在改进中创新。2021 年，“全国高校围绕国家安全教育日主题，充分利用线上线下资源，开展形式多样的国家安全教育，积极引导师生正确理解、认真践行总体国家安全观”①。如首届全国高校学生国家安全素养展示活动总决赛在上海交通大学举行，9 支高校代表队激烈比拼、精彩演绎，通过情景剧表演、辩论赛等年轻人乐于接受的方式，加深了大学生对总体国家安全观的理解，提升了大学生自觉维护国家安全的主人翁意识。重庆师范大学紧扣“学百年党史，护国家安全”主题，采用情景对话、讲述诵读、青春歌舞等形式，开展了“国家安全你我他”国家安全教育思政公开课。全国高校学生国家安全知识线上竞答活动聚焦“激昂青春·守护安全”，从总体国家安全观出发，覆盖包括国家安全法、网络安全法等多个主题的内容，用充满趣味性和互动体验性的学习方式让学生在“云端知识大比拼”中完成国家安全教育的入脑入心，争做“国家安全精英”。郑州航空工业管理学院举办了“总体国家安全观大学生宣讲员”选拔赛暨国家安全教育案例展映活动，还举办了“坚决维护国家安全，喜迎建党100周年”万人签名、《国家安全知识题库》学习、专题讲座、宣传教育片和典型案例播放、国家安全重点内容宣传等活动，可谓精彩纷

① 赵婀娜．全国高校开展形式多样的国家安全教育——让总体国家安全观入脑入心［N］．人民日报，2021－4－16（010）．

呈。不少高校教师表示，面对新时代的大学生，不仅要善于用现实中活生生的例子讲好国家安全这堂思政大课，更要创新方式方法，用大学生喜闻乐见的形式吸引大家参与进来。

六、大学生国家安全教育实践基地建设情况

《实施意见》提出："统筹利用现有资源，鼓励支持各地遴选建设一批符合总体国家安全观要求的综合性教育实践基地、满足不同领域国家安全教育需求的专题性教育实践基地。推动相关教育实践基地改造升级，以适应总体国家安全观教育实践需要。会同有关部门、地区指导教育实践基地发挥特色优势，通过讲座展览、网上展示、实践体验、书籍资料等多种形式，增强对大中小学生的吸引力和传播力，不断提高宣传教育的能力和水平。"

关于国家安全教育实践基地建设。2014 年起，国家安全政策委员会已在江苏如东、四川邛崃、北京、山东东营等地建立了 10 个国家安全教育示范基地。目前，全国各地均大力推进国家安全教育实践基地建设工作。浙江省、山西省、重庆市等相继建成了省级综合性国家安全教育实践基地。2021 年 4 月，湖北省建成"国家安全教育云基地"，云基地设立"新时代国家安全概述"展厅、"国家安全实践"展厅、"国家安全教育"展厅、"国家安全观察"展厅等 4 个主题展厅。通过 3D 建模，实现多场景漫游、图片细节展示、视频学习、720°全景环视等交互体验，增强了学习的互动性和趣味性。各地各高校也结合本地本校实际，因地制宜建成了能够满足不同领域国家安全教育需求的专题性教育实践基地。如革命老区广西百色，于 2021 年 4 月 15 日成立了南疆国家安全教育基地。2020 年 11 月，

南宁职业技术学院大学生安全教育基地建成启用，展示内容包括国家安全、交通安全、消防安全等多个板块。

七、大学生国家安全教育资源开发情况

《实施意见》要求："创新方式方法和平台载体，充分发挥互联网优势，建立国家安全教育案例库，分级分类开发在线课程。结合不同地区、不同领域、不同学段特点，分别编写国家安全教育读本。充分借助社会力量，组织或参与开发体现国家安全教育要求的音乐、美术、戏剧、影视、动漫、游戏等作品，增强教育的吸引力、感染力、影响力。"《指导纲要》提出："地方教育行政部门、学校和相关专业机构要综合运用信息技术手段，有针对性地开发配套的多媒体素材、案例库、课件、微课、专题网站、应用软件、微信公众号、在线开放课程等集成的数字化课程资源，确保资源形式与种类多样化。"目前，国家安全教育资源开发刚刚起步，资源供给有待加强，相信在不久的将来会得到不断的丰富和拓展。

八、大学生国家安全教育师资队伍建设情况

《实施意见》要求："积极推进国家安全教育专业教师培养工作。学校在教师招聘环节要加强对国家安全知识和责任意识的考核。教育行政部门和学校分级开展教育行政管理者专题培训。重点培育和选拔一批国家安全教育教学名师，打造一支以专业教师为骨干、专兼结合的国家安全教育师资队伍。在各级教师培训计划中增加国家安全教育教学培训内容。指导各地有效开展面向全体教师的总体国家安全观教育教学培训。"

《指导纲要》提出："分级开展大中小学教师全员培训，将国家安全教育纳入'国培计划'、高等学校新入职教师培训、思政课教师培训等各级各类培训，强化每位教师的国家安全意识，提高实施国家安全教育的自觉性。分层次举办校级领导总体国家安全观专题研讨班，对国家安全教育关联度较高的学科教师进行专项培训，建设培训者队伍和专家库，提升实施国家安全教育的能力。选拔、培育一批专门从事国家安全教育的专业骨干教师；鼓励相关领域专家、思政课教师、相关学科教师，发挥专业特长，参与国家安全教育，形成专兼结合的国家安全教育师资队伍。鼓励支持高等学校设置国家安全教育专业或开设国家安全教育专业双学位，强化师范专业国家安全教育要求，培养从事国家安全教育专业人才。"但由于《指导纲要》出台不久，目前高校国家安全教育的师资队伍建设还相对薄弱。

九、大学生国家安全教育评价机制情况

《实施意见》提出："教育行政部门对学校、学校对内设机构进行工作考核、奖励时，要充分考虑其国家安全教育工作成绩。把教师开展国家安全教育工作的表现纳入绩效考核，作为职称晋升和评优的重要参考。把学生参与国家安全教育活动及相关课程学习情况纳入综合素质档案，作为评优评先等重要参考。研究提出评价学生国家安全意识和维护国家安全能力的指标体系和方式方法，组织开展教育教学效果评估。"

《指导纲要》提出："依据国家安全教育主要目标和主要内容，明确评价要求和评价要点，突出素养导向。将相关国家安全教育内

容纳入不同阶段学生学业评价范畴。”其中，大学阶段采用多种方式进行课程考试，兼顾过程性考核。还提出：“客观记录学生参与国家安全专题教育、课程学习和社会实践等活动中的态度、行为表现和学习成果，确保记录真实可靠，纳入学生综合素质档案。”但目前来看，高校的国家安全教育评价机制还不够完善，甚至有些高校还没有建立国家安全教育的评价机制。

十、大学生总体国家安全观的培育现状

为全面了解大学生总体国家安全观的培育现状，本书对我国 126 所高校的大二、大三学生发放了“关于高校开展总体国家安全观培育情况”的调查问卷，回收有效问卷 3852 份并梳理分析发现，高校开展总体国家安全观培育能够有效增强大学生的国家安全意识、提升大学生维护国家安全的能力，但也存在教育的分布不均衡、内容不具体、效果不明显等问题。大学生对总体国家安全观培育的总体看法是有成效、有兴趣、有期待，新时代高校的总体国家安全观培育应强化知行并重，以促进大学生将总体国家安全观内化于心、外化于行作为发力点。

（一）通过在线问卷力求获取全面数据信息

由于我国高校众多，在校学生数量庞大，难以获取全面的数据信息，为保证研究的信度和效度，本书从两个方面进行了大胆创新：一是以本科高校的大二、大三学生和高职高专的大二学生为调查对象。之所以选定中间年级的学生为调查对象，是因为相对于新生，他们更加熟悉高校教学和活动的规律；而相对于毕业年级学生，他

们又不受毕业实习、毕业论文、找工作或考研等因素的影响，时间安排比较灵活。二是采取微信在线传播问卷的方式。基于疫情影响和实地调查费时费力的考虑，微信传播问卷也方便在后台对数据信息进行实时监控和分析。通过课题组成员认识的高校教师和学生来选定中间年级的学生，要求他们指导学生如实填写相关信息，熟人干预问卷填写环节，可以尽量保证调查数据信息的真实性与客观性。

1. 先试调查，再确定目的和内容

2021 年 3 月，本研究做了题为“关于高校开展总体国家安全观培育情况”的小样本问卷，首先进行在线试调查，然后经过反复讨论、推敲和调整，最后确定形成了本次调查的总体目的、问卷样式、调查对象等基本内容。

本次调查的目的是了解并评估“高校开展总体国家安全观培育的情况”，为达到预期目的，问卷设计主要涉及以下几方面：一是高校开展总体国家安全观培育的基本情况（主要包括是否开展、开展形式、主要内容、依托平台、开展效果等）；二是调查对象的国家安全知识储备（包括对总体国家安全观基本内涵、国家安全重点领域以及相关法律法规等的理解情况）；三是调查对象的国家安全意识（主要考察其对国家安全的情感、态度、价值观等）；四是调查对象维护国家安全能力（主要考察其是否认知国家安全面临的威胁挑战，是否掌握维护国家安全的途径方法等）；五是调查对象对学校开展总体国家安全观培育的期望（主要是了解其对学校总体国家安全观培育的态度、意见建议、意愿等）。此外，由于调查对象的成长环境会对其国家安全意识和维护国家安全能力产生影响，因此，为提高数据分析的准确性，本研究还对受访者的籍贯、性别、政治面貌等个体要素进行考量。

内容设计以达到研究目的为基本准则，本研究在分析每道题的考察目的、问题价值、选项意义、统计便利性等因素的基础上，再敲定题目。根据在线问卷题目数量的科学化规律，结合本次调查目的和选题数量的合理性，最终生成由 25 道题组成的网络调查问卷。问卷主要包括指导语和主体，其中主体部分包括受访学生的基本信息和问题两部分。问题部分重点围绕上述五个方面来设计，但为了避免受访学生因察觉调查目的而随意答题，因此采用乱序来排列题目。在态度类的问题选项中，本研究增设了“无所谓”的选项，目的是筛选对总体国家安全观培育持“与我无关”的态度者，若有受访学生选择此选项，将是高校总体国家安全观培育需要动员的重点对象。

2. 正式调查，对样本源实时导控

问卷确定后，于 2021 年 5—6 月开展正式调查，课题组充分利用高校人脉关系，发挥熟人效应，通过微信在线传播方式进行多点线上问卷发放，同时，实时导控样本源分布和调查进度。此次调查通过微信在线传播方式，将关于高校开展总体国家安全观培育的网络调查问卷发送给认识的高校教师和学生，再让他们逐级发送给各自认识的受访学生，受访学生填写完成后，即把问卷原路返回课题组的研究系统。在为时 20 多天的网络问卷调查中，课题组全程对后台系统进行实时监控，根据已接收问卷中的高校所在地、高校类型等信息的反馈情况，及时调整问卷发放的样本目标，以确保样本的代表性、调查的全面性和结果的客观性。

本次调查共收回问卷 4170 份，涉及 126 所高校，其中高职高专

39 所，问卷 1269 份；本科高校 87 所，问卷 2901 份。为确保数据的准确性，剔除了 318 份无效问卷，保留有效问卷 3852 份，有效回收率 92.37%（表 4－1）。需要说明的是，本次调查以高校为基本单元，问卷发放覆盖我国 31 个省、自治区、直辖市及其各类高校（不包括香港、澳门和台湾地区）。

表 4－1　高职高专大二学生和本科高校大二、大三学生的样本分布

行政区域	有效人数	百分比（%）	行政区域	有效人数	百分比（%）	行政区域	有效人数	百分比（%）
北京	86	2.23	青海	41	1.06	福建	116	3.01
天津	52	1.35	新疆	26	0.67	安徽	87	2.26
上海	70	1.82	甘肃	38	0.99	浙江	120	3.12
重庆	125	3.25	宁夏	21	0.55	江苏	172	4.47
广西	475	12.33	陕西	165	4.28	山东	134	3.48
广东	192	4.98	山西	142	3.69	内蒙古	76	1.97
海南	169	4.39	河北	73	1.90	黑龙江	68	1.77
贵州	152	3.95	河南	175	4.54	吉林	77	1.99
云南	257	6.67	湖北	192	4.98	辽宁	115	2.99
四川	122	3.17	湖南	138	3.58	以上三列合计	3852	100%
西藏	83	2.15	江西	93	2.41			

（二）问卷呈现的培育情况和学生状态

大学生习得国家安全知识可以通过“教育引导”和“自悟生成”两条路径来实现，其中，教育引导路径侧重于施教者的知识传授，自悟生成路径侧重于受教者的主观能动。了解大学生对国家安全知识的习得路径是本研究的预设目标，为此设置了“您习得国家安全知识的主要路径是?”的题目。受访学生的回答结果是“教育引导”占87.42%，“自悟生成”占12.58%，可见，“教育引导”成为大学生习得国家安全知识的主要路径。因此，高校要提高政治站位，从推进实现中华民族伟大复兴的战略高度，不断加强国家安全教育。

1. 高校总体国家安全观培育的效果和问题

大学生对总体国家安全观培育的现状评价、兴趣程度、心理期待和改进建议等是评估培育效能的重要指标，为此，问卷设置了7道题目，包括“学校是否开展总体国家安全观培育?”“开展总体国家安全观培育的主要内容有哪些?”“以什么形式开展总体国家安全观培育?”“借助什么平台开展总体国家安全观培育?”4道客观题和“您认为学校开展总体国家安全观培育的效果如何?”“您对学校开展总体国家安全观培育的兴趣如何?”“您最期待学校开展的总体国家安全观培育形式是什么?”3道主观题。通过对问卷的梳理分析，得出如下结论：

（1）培育的整体状态：有成效、有兴趣、有期待

关于对所在高校开展总体国家安全观培育的效果评价，选择“效果很显著”的有1572人，占40.81%；选择“比较显著”的有1689人，占43.85%；选择“没有效果”的283人，占7.35%（本题还增设了“无所谓”和“学校没有开展总体国家安全观培育”两个选项，分别占比2.52%和5.47%）。由此可见，大学生对总体国家安全观培育的效果评价呈断层式分布，表明高校的总体国家安全

观培育有成效，但需要加强对少部分学生的动员力度。关于对所在高校开展总体国家安全观培育的兴趣方面，选择“非常感兴趣”的有857人，占22.25%；选择“比较感兴趣”的有2755人，占71.52%；选择“不感兴趣”的有240人，占6.23%。结果显示，大学生对总体国家安全观培育的兴趣呈现橄榄状分布，表明绝大多数学生有兴趣接受总体国家安全观培育，高校应理直气壮地开展总体国家安全观培育工作。

关于对所在高校开展总体国家安全观培育形式的期待，大学生偏好于实践性、体验性、娱乐性的培育形式，且期待学校开展形式多样的总体国家安全观培育。其中，选择“到国家安全教育基地参观考察”的占82.56%，选择“组织观看国家安全专题影片”的占57.22%，选择“开展相关文娱活动”的占46.93%，位列大学生最期待的国家安全教育形式前三。这表明大学生不喜欢枯燥的理论灌输，因此，高校应围绕“自悟生成”路径，精心设计总体国家安全观培育的实践活动。高校总体国家安全观培育的自悟生成路径，是指大学生在对培育素材认识和感受的基础上，因获得积极的情感体验和良好的价值认知而产生心理认同和内化，并在行动上表现为积极践行总体国家安全观。与此相对应，加强总体国家安全观培育的“社会实践”“总体国家安全观培育文娱活动”“校园文化建设”等也是大学生认为最应该改进的重要方面。

（2）培育存在的问题：不均衡、不具体、不明显

针对高校是否开展总体国家安全观培育、培育内容、培育形式三个方面，结合高校的区位因素、所属类型等相关变量进行交叉分析，得出如下结果：

一是多数非边疆省份的本科高校和高职高专开展总体国家安全观培育相对薄弱。在“你对大学期间开展总体国家安全观培育活动感兴趣吗?”和“您如何评价学校开展的总体国家安全观培育?”这两个题目中，都设置了“我校没有开展总体国家安全观培育”的选项，通过此选项可以判断样本人群所在高校是否开展了总体国家安全观培育，进而评估总体国家安全观培育在高校的普及程度，这是我们研究高校开展总体国家安全观培育状况的首要指标。在回收的3852份有效问卷中，共有296个受访学生选择“我校没有开展总体国家安全观培育”选项，占全部有效数据的7.68%。与“您认为所在学校是否已经形成固定的总体国家安全观培育模式?”中选择否定答案的320份问卷（8.31%）的结果相近。结合受访学生个体信息中“所在高校”分析，选择上述否定答案的受访学生，其所在高校从地域分布来看，多数位于非边疆省份；从学校类型来看，则多为高职高专。

二是高校对总体国家安全观培育的内涵和外延把握准确，但培育内容不具体。调查结果显示，“习近平关于总体国家安全观重要论述教育”“国家安全各重点领域知识教育”“国家安全相关法律法规教育”成为高校开展总体国家安全观培育的主要内容。“举办国家安全专题讲座”和“开展国家安全主题文娱活动”成为大学生参与总体国家安全观培育最主要的形式。结合受访学生个体信息中“所在高校位于?”进行分析，从培育的内容来看，开展总体国家安全观培育的高校都能准确把握总体国家安全观的基本内涵，将国家安全各个重点领域的知识纳入总体国家安全观培育中；但在培育形式上，边疆省份高校开展总体国家安全观培育的形式，明显比其他地区更具多样化，来自广西、云南、西藏、新疆等省区的受访学生认为，他们主要通过“到边境口岸边防哨所考察调研”“参加国家安全知识竞赛”等来接受总体国家安全观培育，这些偏重于实践性与体验性的培育形式，其实也是全国大学生最为期待的。从问卷呈现的数据信息可以看出，国家安全基本常识、国家安全各重点领域知识和国家安全相关法律法规占了很大的部分，这与《实施意见》要求的“大学生应接受国家安全系统化学习训练，增强维护国家安全的责任感和能力”以及《指导纲要》提出的“大学阶段重点围绕理解中华民族命运与国家关系，践行总体国家安全观”存在较大差距，高校总体国家安全观培育的主要目标应侧重增强维护国家安全的意识和能力。

三是对树立和践行总体国家安全观这个培育主线不明显。长期以来，部分高校的管理者、教师和学术界对总体国家安全观培育与树立和践行总体国家安全观之间的关系理解不清楚，主要有两种观点：一种认为总体国家安全观培育就是国家安全相关知识的教育，学生掌握了国家安全相关知识自然就增强了国家安全意识；另一种认为要紧紧围绕树立和践行总体国家安全观开展总体国家安全观培育，要通过更多的途径、内容和方法等深入开展总体国家安全观培育。课题组认为，要在总体国家安全观培育的内容和目标上，更加突出树立和践行总体国家安全观这个培育主线，更深更细地讲好总体国家安全观的“六个顶层设计思路”“五个既重视又重视”“十六个安全”“四个国际安全理念”“国家安全面临的威胁和挑战”“维护国家安全的途径和方法”等内容，始终把树立和践行总体国家安全观作为内在目标和发力方向。这样既符合新时代加强总体国家安全观培育服务于国家安全战略的客观要求，也符合开展总体国家安全观培育的实践要求。从对培育内容的分析来看，高校教师对国家安全的基本知识、重点领域知识、相关法律法规等与树立和践行总体国家安全观的关系认识还不够深刻、研究也不够透彻。

2. 大学生的国家安全意识状况

培育大学生的国家安全意识，是高校总体国家安全观培育的重要目标。大学生对于国家安全的认知、情感、态度、价值取向、行为选择等是培育成果的内化，是前期培育成效的“映射”，也是后续培育的基础。为此，问卷设置了10道题目，分别从国家安全的知识储备和国家安全的意识理念两个维度进行测评。

（1）大学生的国家安全知识储备情况

充足的国家安全知识储备，是增强国家安全意识的基本前提，也是生成维护国家安全情感、态度和行动的重要基础。从某种意义上说，习得国家安全知识、掌握国家安全理论和相关政策法规是维护国家安全的重要条件。当前，世界正处于百年未有之大变局中，国家安全问题涉及政治、经济、文化和网络等多个层面，新时代的大学生理应掌握基本的国家安全知识。首先，总体国家安全观培育是落实国家安全战略的重要举措，作为社会主义的未来建设者和接班人，大学生理应熟知国家安全知识，具备维护国家安全的能力。其次，国家安全问题涉及社会的各个领域，大学生更应准确判断各个领域面临的威胁与挑战，并掌握维护国家安全的途径和方法。因此，加强国家安全知识储备是个人成长成才的内在需要，也是维护国家总体安全的客观要求。本次问卷设置了5道与国家安全知识相关的题目，包括“六个顶层设计思路”“五个既重视又重视”“十六个安全”“国家安全法律法规”和“四个国际安全理念”五个知识点，基本可以考察出受访学生的国家安全知识储备情况。

从整体上看，大学生具备正确的国家安全观，也掌握基本的国家安全法律法规知识。对“国家安全法律法规”这个问题，有92.53%的学生能够判断哪些属于国家安全的法律法规，但仅有46.25%的学生能准确选出国家安全的法律法规。在其他4道关于国家安全知识的题目中，有42.71%的学生能够准确认知和把握“六个顶层设计思路”“五个既重视又重视”“十六个安全”和“四个国际安全理念”的主要内容。

在国家安全常识培育中，存在典型性突出而全面性不足的问题。为了解学生对国家安全常识的掌握情况，问卷把“每年4月15日是全民国家安全教育日”和“新冠肺炎疫情属于生物安全”这两个常识点作为测试题目。结果显示差异较大，有11.08%的受访学生不知道全民国家安全教育日的准确日期；有39.58%的受访学生选择新冠肺炎疫情属于生物安全领域。这表明高校国家安全常识的普及教育还不够全面，宣传教育出现紧盯典型而忽略整体的现象。虽然有限的测试题难以准确测出学生对国家安全常识的掌握程度，但能够体现代表性，因为必知的知识点具有应知知识点不具备的典型性意义和代表性意义。

（2）大学生的国家安全意识状况

“增强大学生的国家安全意识”是高校总体国家安全观培育的核心，这是维系国家长治久安的精神纽带。长期以来，高校的总体国家安全观培育以“国防教育”为政策话语或教育主题，其根本目标就是“国家安全”，与当下强调的总体国家安全观培育相同，国家安全或增强国家安全意识与总体国家安全观具有内在联结性。本次问卷设置了 5 道题目，主要用于考察大学生是否具有正确的总体国家安全观，结论如下：

一是大学生普遍认同我国目前的国家安全状态，具有正确的总体国家安全观。统计显示，有 92.57% 的受访学生认同“我们并非生活在和平的年代，只是生活在和平的国家”这个观点。同样，有 95.41% 的受访学生认为总体国家安全观培育应该面向全体学生。在前期的实地调研中，多数高校教师也认为，强化总体国家安全观培育是落实国家安全战略的重要举措，应该面向全体学生深入开展总体国家安全观培育。

二是大学生能够理性思考国家安全政策与国家安全内外部环境的关系。对于不断拓展的新型领域安全问题，有 58.27% 的受访学生认为，我国的国家安全政策完全符合当前的国家安全形势；其他受访学生则认为，我国目前的国家安全政策还需要不断完善和拓展。这也表明，近年来我国强调要不断完善国家安全政策体系的指导思想是正确的。

三是大学生拥有积极维护国家安全的意识。在涉及面对国家安全问题态度的题目当中，有 90.47% 的受访学生表示愿意了解国家安全面临的威胁和学习维护国家安全的方法，并会积极参与维护国家安全的具体行动；有 4.26% 的受访学生表示愿意了解国家安全面临的威胁和学习维护国家安全的方法，但不愿意参与维护国家安全的具体行动；有 2.52% 的受访学生表示愿意参与到维护国家安全的具体行动中，但并不想了解国家安全面临的威胁和学习维护国家安全的方法；本题还设置有“既不愿意了解国家安全面临的威胁和学习维护国家安全的方法也不愿意参与维护国家安全行动”以及“无所谓”两个选项，共占2.75%。值得注意的是，在被问及对其他同学了解国家安全面临的威胁和学习维护国家安全的方法以及积极参与维护国家安全行动持何种态度时，虽有70.49%受访学生表示尊重其他同学的做法，但愿意去了解、学习和行动的仅占其中的6.44%。这与大学阶段学生有丰富的文化兴趣相关，也与网络社会信息海量有关，需要高校加强引导。

（三）实践在高校总体国家安全观培育中的重要性

前文已呈现高校的总体国家安全观培育整体现状和大学生的国家安全意识状态，调查问卷还纳入了生源地、性别、政治面貌等个体特征，以及开展总体国家安全观培育的形式方法、主要内容和依托平台等要素作为变量，目的是分析相关变量如何影响高校的总体国家安全观培育活动。

1. 实践对高校总体国家安全观培育的作用

高校的地域分布和类型成为是否开展、以什么样的形式开展和是否形成总体国家安全观培育模式的主要影响因素。总体来看，边疆省份的普通本科高校表现相对突出，更加重视总体国家安全观培育，培育形式更加多样，培育模式也更加成熟。这与其所在区位的特殊性有很大关系，也与历史传统有关。

在受访学生对所在高校开展总体国家安全观培育的主观评价中，他们对更加注重总体国家安全观培育实践性的广西、云南、西藏、新疆等边疆省份高校给予了较高评价。来自这些省份高校的学生普遍对学校的总体国家安全观培育实践活动表现出更加浓厚的兴趣，认为所在学校已有较成熟的总体国家安全观培育实践模式，他们对学校总体国家安全观培育活动的评价也更为积极和正面。多年以来国家实施的“兴边富民行动”，极大地促进了边疆省份的经济社会发展，给边疆省份高校带来了重大的发展机遇。在数据收集阶段，后台统计信息显示，来自边疆省份高校的学生填写问卷的积极性最高，有效问卷的比例也最高，这与边疆省份高校基于地缘、历史、民族等特殊性考量，更加重视总体国家安全观培育的传统息息相关。

2. 实践对“与我无关”态度群体的动员作用

除了关注大学生更加期待学校加强以“实践性”为主导的总体国家安全观培育体验之外，还须关注对总体国家安全观培育持“与我无关”态度的群体，并思考如何对他们进行有针对性的动员，这也是总体国家安全观培育全覆盖的内在要求。在涉及受访学生主观态度的题目中，都有“无所谓”之选项，而选择该选项的学生被视为对总体国家安全观培育持“与我无关”态度的群体，也就是总体国家安全观培育的“观望者”或“疏离者”。

后台统计数据显示，有10%左右的受访学生对高校总体国家安全观培育持“与我无关”态度。结合受访学生的个体特征和所在高校的总体国家安全观培育方式方法，对“你身边是否有危害国家安全的现象”和“你对所在高校的总体国家安全观培育活动是否感兴趣”两个题目的测试数据进行交叉分析（表4－2）。结果显示，身边是否有危害国家安全的现象与个体是否对总体国家安全观培育感兴趣呈现正相关。同时，以受访学生所在高校的总体国家安全观培育形式作为变量，观察受访学生对总体国家安全观培育的兴趣程度（表4-3），统计数据显示，高校总体国家安全观培育的“实践化”程度与受访学生的兴趣程度同样呈现正相关。由此可以推断出，对总体国家安全观培育持“与我无关”态度的群体，可以通过各种实践活动加强他们的总体国家安全观培育体验，重视总体国家安全观培育实践性的动员作用，能够有效增强他们对总体国家安全观培育的认知度和参与度。

表4-2 身边是否有危害国家安全的现象对大学生参与总体国家安全观培育活动的兴趣程度影响

项目	没有		很少		较多		很多		不了解	
	比例	人数	比例	人数	比例	人数	比例	人数	比例	人数
非常感兴趣	4.83%	36	26.17%	195	30.49%	227	37.71%	281	0.80%	6
比较感兴趣	5.36%	129	30.77%	741	40.62%	978	22.09%	532	1.16%	28
不感兴趣	6.98%	28	45.39%	182	25.69%	103	18.95%	76	2.99%	12
没有相关活动	10.07%	30	59.06%	176	14.43%	43	10.40%	31	6.04%	18

表 4－3　总体国家安全观培育形式与大学生对相关活动的兴趣程度分析

项目	参观国家安全教育基地	组织观看相关电影	开展国家安全知识竞赛	举办国家安全讲座	开展国家安全文娱活动	开设国家安全专门课程	融入其他课程教学	开展相关社会实践活动	开展国家安全主体班会	其他形式校园宣传	没有开展相关活动	其他	受访者总人数
非常感兴趣	110	97	63	47	94	58	45	123	26	49	16	4	732
比较感兴趣	460	446	253	197	211	154	186	376	65	72	23	3	2446
不感兴趣	73	81	36	30	58	24	27	53	11	25	5	2	425
没有相关活动	5	6	3	3	5	3	2	7	5	1	206	3	249

第二节 大学生总体国家安全观培育的基本经验

虽然总体国家安全观培育的历程较短，但我国的大学生国家安全教育起步较早，为培育大学生总体国家安全观积累了丰富经验，有些经验管用有效、历久弥新，总结提炼基本经验，可为培育大学生总体国家安全观提供理论指导和方法借鉴。

一、坚持和加强党对总体国家安全观培育的领导

国家安全教育是我国国家安全战略的重要举措。培育大学生总体国家安全观，是高校落实立德树人根本任务的重要内容，是全民国家安全教育的重要组成部分。因此，必须坚持和加强党的领导。历史经验告诉我们，任何工作的成功都是以坚持和加强党的领导为根本保证。只有坚持和加强党的领导，才能保证总体国家安全观坚持正确的政治方向。

近年来，各高校高度重视大学生总体国家安全观的培育工作，不断坚持和加强党对大学生总体国家安全观培育的全面领导。一是提高政治站位，深化思想认识。各高校党委坚持把大学生总体国家安全观培育作为落实立德树人根本任务的重要内容，通过召开专题党委会（常委会）、学习中心组学习、专题学习会等形式深入学习《习近平关于总体国家安全观论述摘编》《实施意见》《指导纲要》等文献、文件精神，深化了对大学生总体国家安全观培育重要性和紧迫性的认识。二是加强顶层设计，完善体制机制。各高校党委深

刻认识大学生总体国家安全观培育的系统性、复杂性。结合自身实际做好培育的顶层设计，纷纷制订大学生国家安全教育的具体实施方案，确保在工作任务、人员配备、责任机构、条件保障、经费投入等方面落实见效，充分发挥高校党组织“把方向、管大局、保落实”的职能作用，推动大学生总体国家安全观培育取得实效。

二、通过思政课培育大学生的总体国家安全观

总体国家安全观内涵丰富、思想深邃、逻辑严密，大学生只有通过系统的学习和训练，才能全面理解和掌握总体国家安全观的理论体系、价值体系和方法体系，不断增强维护国家安全的意识和能力。思政课的开放性、包容性和实践性表明重大主题教育融入的可行性，融入思政课是总体国家安全观培育的关键环节和有效途径。两者的内容体系具有互补性，两者的思想和价值理念具有契合性，两者的理论逻辑和发展演进具有相似性。思政课为大学生认识和分析中国特色国家安全道路提供了思想铺垫和方法指导，有助于大学生形成国家安全的整体思维。同时，作为意识形态范畴的总体国家安全观，也能够丰富和提升思政课的内容体系和价值意蕴。基于此，各高校深刻认识到发挥思政课主渠道作用的重要性和可行性，并在大学生总体国家安全观培育实践中，总结形成了总体国家安全观融入思政课的有效方法。

梳理分析相关的理论研究和实践探索发现，近年来，高校将总体国家安全观有机融入思政课的教学当中，实现了内容和价值的“双融入”。在“马克思主义基本原理概论”中，深入解析总体国家安全观内蕴的马克思主义基本原理，引导学生用马克思主义的立场、观点和方法来认识分析国家安全问题；在“毛泽东思想和中国特色

社会主义理论体系概论”中，系统分析实现中华民族伟大复兴战略全局面临的各种风险挑战，阐明国家安全的整体意义，引导学生深刻理解总体国家安全观及其战略目标，激发学生维护国家安全的使命担当；在“中国近现代史纲要”中，融入我国国家安全的演变历程，从立场方法上廓清国家安全的极端重要性，让学生认识到“只有坚持和加强党的领导，坚持和发展中国特色社会主义，才能保障国家安全稳定、人民安居乐业的历史必然性”①；在“思想道德修养与法律基础”中，从价值引领和行为要求上引导学生践行总体国家安全观；在“形势与政策”中，从“国际国内时政热点的解读和分析上活化总体国家安全观”②，不断增强学生的忧患意识，始终做到居安思危。效果明显。

三、通过校园文化培育大学生的总体国家安全观

校园是大学生学习生活最重要的物理空间，校园文化具有“润物细无声”的功效，良好的校园文化可以陶冶学生情操、启迪学生心智，促进学生全面发展。各高校历来重视借助校园文化建设来培育大学生的总体国家安全观，在新生军训、全民国家安全观教育日等关键时间节点，组织开展丰富多彩、形式多样的国家安全教育主题文化活动，增强大学生国家安全意识和能力。

如高校在新生军训阶段，组织开展军事技能竞赛、消防演练、

---

① 曹晓飞. 大学生总体国家安全观教育的战略意义及实现路径 [J]. 思想理论教育导刊，2018 (2)：125－129.

② 王红梅. 总体国家安全观融入高校思想政治理论课教学的路径探索 [J]. 学校党建与思想教育，2018 (16)：34－36.

安全知识专题讲座等，让新生了解和掌握国家安全的相关知识与基本技能；在全民国家安全教育日前后，组织学生观看相关的电影电视、辩论赛、知识竞赛等，或在校园中以展板的形式展出国家安全的相关知识内容、图片等，为大学生营造浓厚的国家安全教育校园文化氛围。但总体上看，高校借助校园文化建设培育大学生的总体国家安全观还存在不足之处，如未形成常态化的国家安全文化营造机制，部分高校仅利用新生军训和全民国家安全教育日进行宣传教育；多数高校没有国家安全宣传教育的专业社团和主题活动；多数高校缺乏国家安全培育的校园文化标志等。

四、通过社会实践培育大学生的总体国家安全观

社会实践活动是大学生获取知识、扩大视野、增长才干的重要途径，也是实现理论与实践相结合的有效方法。大学生通过参加以总体国家安全观为主题的社会实践活动，可以在亲身体验中增强国家安全意识，同时，可以通过实践锻炼提升大学生维护国家安全的能力。各高校历来重视大学生的社会实践活动，把社会实践作为大学生的“第三课堂”，精心组织开展了各种主题的社会实践活动。其中，以总体国家安全观为主题的社会实践活动深受学生喜爱，取得了良好的培育效果和社会效应。

近年来，各高校积极组织学生利用全民国家安全教育日、“三下乡”、节假日等深入城市社区、企事业单位、农村基层等开展国家安全宣传教育活动，向群众宣传国家安全法律法规、国家安全知识、风险防范技能等，帮助群众认识国家安全类型和提高风险防范意识，指导群众学习和掌握维护国家安全的技能策略；或组织学生到国家

安全教育实践基地、爱国主义教育基地等接受国家安全教育和爱国主义教育；或组织学生开展国家安全相关课题的社会调查；等等。不断丰富和拓展国家安全教育实践活动的内容与形式，使学生既成为国家安全教育的宣传者、参与者，又成为国家安全的推动者、守护者，让学生在社会实践活动中不断增强维护国家安全的意识和能力。

五、通过网络空间培育大学生的总体国家安全观

在信息时代，作为网络“原住民”的大学生，自然把网络生活过得有声有色，网络空间也成为培育大学生总体国家安全观的新空间。移动互联网的应用和普及，使网络媒介成为信息传播的“主阵地”和“主渠道”。同时，网络空间是意识形态斗争的最前沿、主战场，网络安全是总体国家安全观培育的主要内容。各高校“因势而新”，主动占领网络阵地，充分挖掘网络资源，深入拓展总体国家安全观培育渠道。结合学生的网络生活偏好，大力开发总体国家安全观培育的网络产品，并取得了良好成效。

近年来，各高校积极探索线上总体国家安全观培育的有效途径，主要有：借助易班开展国家安全知识竞赛活动，开辟易班国家安全问题讨论专区；利用微信、微博、客户端推送国家安全宣传主题；通过快手、B站、抖音等直播平台发布国家安全教育话题；制作以国家安全为主题的VR、动漫、游戏；等等。借助新媒体新技术开展网上总体国家安全观培育，是信息时代的发展趋势，通过设计主题鲜明、画面优美、文字简洁、音视俱全的总体国家安全观培育题材和作品，突出自主性、互动性特征，提高了学生的参与度和关注度，也扩大了培育的覆盖面。

第五章 大学生总体国家安全观培育的原则和目标

总体国家安全观是新时代指导国家安全工作的强大思想武器。作为未来维护国家安全的中坚力量，大学生只有以总体国家安全观为价值追求，不断增强国家安全意识和提高维护国家安全能力，才能在实现中华民族伟大复兴中不辱使命，在百年未有之大变局中行稳致远，在成长成才的道路上实现人生理想。为了系统、规范、科学地开展大学生总体国家安全观培育工作，高校必须遵循培育的基本原则，明确培育的主要目标。

第一节 大学生总体国家安全观培育的基本原则

培育大学生总体国家安全观，必须坚持以习近平新时代中国特色社会主义思想为指导，以总体国家安全观为统领。坚持正确政治方向，坚持依法依规培育，坚持统筹规划培育，坚持遵循规律培育，坚持方式多样培育等基本原则，确保取得实效。

一、坚持正确政治方向的原则

坚持正确政治方向，为大学生总体国家安全观培育提供根本政治保证。正确政治方向体现在党的指导思想、政治理想、政治立场和政治使命之中，习近平新时代中国特色社会主义思想是我们党理论创新的最新成果，是正确政治方向的集中体现。高校在大学生总体国家安全观培育过程中，必须坚持以习近平新时代中国特色社会主义思想为指导，以总体国家安全观为统领，坚持和加强党对总体国家安全观培育的领导。《指导纲要》提出，以总体国家安全观为统领，坚持和加强党对国家安全教育的领导，增强国家意识，强化政治认同，坚定道路自信、理论自信、制度自信、文化自信，践行社会主义核心价值观。

坚持以习近平新时代中国特色社会主义思想为指导，不仅是因为总体国家安全观是习近平新时代中国特色社会主义思想的重要组成部分，而且是因为习近平新时代中国特色社会主义思想是“马克思主义中国化最新成果，是当代中国马克思主义、21 世纪马克思主义，是党和国家必须长期坚持的指导思想”①。国家安全教育是我国国家安全战略的重要举措，因此，高校培育大学生的总体国家安全观就是重大的政治任务。从培育对象来看，大学生群体是中国特色社会主义的建设者和接班人，肩负着实现中华民族伟大复兴的历史

---

① 蒋金锵．习近平新时代中国特色社会主义思想的重大意义［N］．人民日报，2019－8－27（008）．

使命，培育质量和效果如何将直接关系到党和国家的前途命运；从培育内容来看，总体国家安全观是个系统工程，具有很强的政治性、理论性、实践性和时代性，同时也具有显著的开放性和动态性，需要有强大的思想作为指导；从培育目标来看，我们要培育的是堪当民族复兴大任的时代新人，面对“两个大局”，时代新人要有维护国家安全的强烈意识、坚定意志和高超本领。因此，必须坚持以习近平新时代中国特色社会主义思想为指导，以总体国家安全观为统领，深入系统地开展大学生总体国家安全观培育工作。

在培育过程中，高校必须坚持和加强党对国家安全教育的领导，高校各级党组织特别是高校党委要提高政治站位，把大学生总体国家安全观培育工作作为落实立德树人根本任务来抓，坚持“为党育人、为国育才”，确保总体国家安全观入眼入脑入心入行，不断增强大学生的国家意识，以国家意识坚定大学生维护国家安全的意志；不断强化大学生的政治认同，以政治认同提升大学生维护国家安全的能力。通过坚持和加强党对大学生总体国家安全观培育的领导，推动大学生不断增强“四个意识”，坚定“四个自信”，做到“两个维护”，牢记“国之大者”，从而促进大学生自觉践行社会主义核心价值观。

二、坚持依法依规培育的原则

坚持依法依规培育，为大学生总体国家安全观培育提供坚强法律保障。法律法规的强制性确保了培育工作的规范性和有效性，大学生总体国家安全观的培育属于思想政治教育工作，同时具备思想性、政治性和教育性，国家把国家安全宣传教育以法律的形式固定下来，其目的就是要确保能够有法可依，确保规范执行和有效落实。《指导纲要》提出，“在《中华人民共和国国家安全法》《中华人民共和国反恐怖主义法》《中华人民共和国反间谍法》《中华人民共和国网络安全法》《中华人民共和国教育法》等系列法律框架内依法开展教育”，为开展大学生总体国家安全观培育工作提供了法律依据、法律遵循和法律保障。

《中华人民共和国国家安全法》第七十六条规定，国家加强国家安全新闻宣传和舆论引导，通过多种形式开展国家安全宣传教育活动，将国家安全教育纳入国民教育体系和公务员教育培训体系，增强全民国家安全意识。《中华人民共和国反恐怖主义法》第十七条规定，各级人民政府和有关部门应当组织开展反恐怖主义宣传教育，提高公民的反恐怖主义意识；教育、人力资源行政主管部门和学校、有关职业培训机构应当将恐怖活动预防、应急知识纳入教育、教学、培训的内容。《中华人民共和国反间谍法》第十九条规定，机关、团体和其他组织应当对本单位的人员进行维护国家安全的教育，动员、组织本单位的人员防范、制止间谍行为。《中华人民共和国网络安全法》第十九条规定，各级人民政府及其有关部门应当组织开展经常性的网络安全宣传教育，并指导、督促有关单位做好网络安全宣传教育工作。《中华人民共和国生物安全法》第七条规定，相关科研院校、医疗机构以及其他企业事业单位应当将生物安全法律法规和生物安全知识纳入教育培训内容，加强学生、从业人员生物安全意识和伦理意识的培养。这些相关的法律法规共同构成了维护总体国家安全的法律框架，不仅是惩治危害国家安全的有力武器，而且是守护国家安全的“钢铁长城”。每部法律规定的有关国家安全宣传教育的条文，是大学生总体国家安全观培育的法律依据，为高校培育大学生总体国家安全观提供了坚强的法律保障。

为深入贯彻党的十九大精神和习近平总书记关于总体国家安全观的重要论述精神，落实党中央关于加强大中小学国家安全教育有关文件精神和“将国家安全教育纳入国民教育体系”的法定要求，2018 年 4 月，教育部制定了《关于加强大中小学国家安全教育的实施意见》，就大中小学国家安全教育的总体要求、目标任务、重点工作、组织保障等提出实施意见。为指导大中小学系统、规范、科学地开展国家安全教育，2020 年 10 月，教育部发布了《大中小学国家安全教育指导纲要》，就开展国家安全教育的总体要求、主要内容、实施途径、考试评价、管理保障、国家安全教育知识要点等提出具体指导，对大学生总体国家安全观培育工作提供了具体指引。高校应坚持依法依规的培育原则，并结合自身实际，制订操作性强的培育方案，确保大学生总体国家安全观的培育工作取得实效。

三、坚持统筹规划培育的原则

坚持统筹规划培育，为大学生总体国家安全观培育提供基本指导。大学生总体国家安全观的培育是个系统工程，从培育主体来看，涉及思政课教师、辅导员、专业教师、管理者等；从培育过程来看，涉及管理服务、队伍建设、评估督导、制度保障等多个方面；从培育内容来看，涉及政治安全、经济安全、社会安全等多个领域。要形成科学化、常态化、制度化培育体制机制，必须坚持统筹规划的培育原则。《指导纲要》提出：“强化顶层设计，明确大中小学各学段国家安全教育目标，落实相关法律法规要求，统筹各领域国家安全教育内容，形成纵向衔接、横向配合、有机融入的教育格局。”高校要用系统思维谋划大学生的总体国家安全观培育工作。

首先要做好顶层设计。结合本校具体实际，完善总体国家安全观培育的领导体制，实施责任机制和监督机制，建立健全管理机构、保障机制、激励机制、评价机制等。为总体国家安全观培育提供有效的制度保障。其次，要明确并细化各年级、各专业以及入学季、毕业季等国家安全教育的目标要求，建立“三全培育”的常态化和制度化机制。最后，要严格执行相关法律法规要求，根据国家安全法律法规的相关规定和《实施意见》《指导纲要》的相关要求，以及上级管理部门的有关规定，统筹协调推进，确保大学生总体国家安全观培育工作依法依规高效运行。

为推动形成纵向衔接、横向配合、有机融入的总体国家安全观培育新格局，首先要构建国家安全教育的内容体系。鉴于总体国家安全观的核心内容主要包括“六个顶层设计思路”“五个既重视又重视”“十六个安全”和“四个国际安全理念”等，所以总体国家安全观培育的教学大纲应以“六个顶层设计思路”“五个既重视又重视”“十六个安全”和“四个国际安全理念”为框架主干来设计，把总体国家安全观的理论体系转化为科学适用的教学体系。其次，要统筹国家安全教育的知识点及其关系。设计出让学生容易记忆和理解的知识树或思维导图，将国家安全的教学体系转化为知识体系，并通过教学将知识体系转化为话语体系。最后，要统筹安排好教学过程。主要是对时间、内容、方法等方面的科学安排。重点是让学生深刻理解国家安全面临的威胁与挑战，系统掌握维护国家安全的途径与方法。

四、坚持遵循规律培育的原则

坚持遵循规律培育，为大学生总体国家安全观培育提供科学依据。2016 年 12 月，习近平总书记在全国高校思想政治工作会议上强调指出，“做好高校思想政治工作，要因事而化、因时而进、因势而新。要遵循思想政治工作规律，遵循教书育人规律，遵循学生成长规律，不断提高工作能力和水平”①，为探索大学生总体国家安全观的培育规律和提升培育质量指明了方向。《指导纲要》提出：“符合学生年龄特征，密切联系学生实际，紧贴世情国情社情，适应不同学科专业领域和不同类型教育特点，提升科学性和适宜性。”高校要按照“三因”“三规律”基本要求，积极探索大学生总体国家安全观培育的基本规律。

坚持遵循规律培育大学生的总体国家安全观，要从理念和方法上寻求突破。首先要把“三因”“三规律”作为大学生总体国家安全观培育的基本理念和方法。其次，要充分利用关系国家安全的事件进行教育，化解学生对国家安全问题的疑惑；要善于捕捉总体国家安全观培育的时机，及时推进培育；要准确把握国家安全的发展趋势，创新培育方法。最后，总体国家安全观培育要遵循适度张力、教育与自我教育相结合、协调各方同向同行等思想政治工作规律；要遵循理论教育与价值教育相结合、国家安全教育专门课程与其他课程相结合、课内与课外相结合、言传与身教相结合等教书育人规

① 习近平．把思想政治工作贯穿教育教学全过程开创我国高等教育事业发展新局面——在全国高校思想政治工作会议上的讲话［N］．人民日报，2016－12－9（001）．

律；要遵循阶段性与连续性相结合、共性与个性相结合、有效引导与满足需要相结合等学生成长规律。

具体来说，首先要符合大学生的年龄特征，密切联系学生的实际生活和需要。大学生的年龄基本都在20岁左右，是生命力最旺盛的阶段，身心正在加速发展，他们都有强烈的猎奇心理和表现欲望，渴望开阔视野，了解世界。但由于社会阅历不够丰富，心智发展不够成熟，在虚拟化网络生活的影响下，他们对是非、善恶、美丑的辨别能力欠缺，容易被敌对势力所利用，进而做出危害国家安全的行为。因此，总体国家安全观培育要结合大学生的年龄特征和实际需要。其次，要紧贴世情国情社情。当今时代，世情国情社情已经发生了深刻变化，高校要科学研判世情国情社情“变”与“不变”的主题及其表现形式，并根据其发展趋势和发展规律，找准培育的切入点和着力点，努力做到“立足不变、谋事应变、主动求变”。最后，要适应不同学科专业领域和不同类型教育的特点。高校的学科专业领域众多，而总体国家安全观培育又涉及多个学科门类和专业知识，从国家安全的重点领域来看，每个重点领域关涉不同的学科和专业，这为总体国家安全观有效融入不同学科领域提供了可能，在推进“课程思政”的时代背景下，要找准总体国家安全观与不同学科专业的契合点，推动提升大学生总体国家安全观培育的科学性和适宜性。

五、坚持方式多样培育的原则

坚持方式多样培育，为大学生总体国家安全观培育提供有力支撑。国家安全教育包括知识传授、价值引导和能力提升三个维度，这也是总体国家安全观培育的目标要求。其中，知识传授包括国家安全的思想与理论、历史与现实、形势与任务、战略与规划、法律与政策等方面知识的传授；价值引导包括对国家安全的价值立场、价值态度和价值取向等方面的引导；能力提升包括发现国家安全隐患能力、防范国家安全风险能力、化解威胁国家安全能力、维护国家安全能力和塑造国家安全状态能力等方面的提升。要实现三个维度的培育目标，仅靠简单的方式和途径是难以达成的。《指导纲要》提出："要充分利用多种资源，专门课程与学科融入相结合，知识学习与实践活动相结合，学校教育与社会教育相结合，生动鲜活、易于接受，增强育人实效。"因此，高校要采取多样方式培育大学生的总体国家安全观。

坚持方式多样培育，首先要充分利用多种资源。国家安全培育目标的层次性和培育方式的多样性，决定了需要多种资源提供保障才能有效运行。国家安全教育的资源主要包括人力资源、物力资源和财力资源等，高校要充分挖掘多种资源并整合利用，发挥资源的协同效应和创新作用。其次，专门课程与学科融入相结合。开设专门课程是《指导纲要》的要求，高校要依托校内相关教学科研机构，开设国家安全教育公共基础课，专门传授总体国家安全观的基础理论和基本知识；同时，将总体国家安全观有机融入各学科专业的课程教学当中，推动实现"课程思政"的培育目标。再次，知识学习与实践活动相结合。既要通过专门课程和学科融入来完成国家安全知识的传授，也要通过校内外的实践活动，使学生将内化知识转向外化行为，做到既巩固理论知识又提高实践能力。最后，学校教育与社会教育相结合。学校教育是总体国家安全观培育的主阵地，在抓好学校教育的同时，还要借助政府、媒体、企业等社会力量参与到总体国家安全观培育中，不断丰富培育的主体和载体，推动形成强大的培育合力。

要增强大学生总体国家安全观的培育实效，还应在培育内容和培育方式上力求做到生动鲜活、易于接受。首先，在内容的选择上要体现时代性和生活化。要深耕新时代国家安全的重大课题和典型案例，围绕总体国家安全观进行深刻的哲理阐释，及时解读和回应学生的疑惑和需要，引导他们增强国家安全意识，强化政治认同和使命担当。其次，在培育话语上要体现平等性和互动性。要结合新时代大学生的群体特点、语言偏好和接受方式，优化总体国家安全观培育的话语表达，善于将权威规范的教材话语转化为生动活泼的教学话语，在教学话语中适当融入开放时尚的网络话语，并能够灵活切换为平等互动的生活话语，力图产生“以言表意”“以言取效”“以言促行”的话语功效。

第二节　大学生总体国家安全观培育的主要目标

目标提示着行为的方向、意图和预期目的。大学生总体国家安全观的培育同样需要有明确的目标。《实施意见》提出了大中小学国家安全教育的目标任务。《指导纲要》也明确了大中小学国家安全教育的主要目标。其中，“大学阶段，重点围绕理解中华民族命运与国家关系，践行总体国家安全观。学生系统掌握总体国家安全观的内涵和精神实质，理解中国特色国家安全体系，树立国家安全底线思维，将国家安全意识转化为自觉行动，强化责任担当”。

一、系统掌握总体国家安全观的内涵和精神实质

系统掌握总体国家安全观的内涵和精神实质，是大学生理解和把握总体国家安全观、牢固树立国家利益至上观念、增强自觉维护国家安全意识和具备维护国家安全的能力的重要前提。理解中华民族命运与国家关系，践行总体国家安全观，首先要系统掌握总体国家安全观的科学内涵和精神实质。总体国家安全观的内涵十分丰富，随着国内外安全形势的发展变化，其内涵将得到不断地丰富和拓展，其蕴含的精神实质也因此更加深厚。

关于总体国家安全观的内涵。2014 年 4 月 15 日，习近平总书记在中央国家安全委员会上首次提出“总体国家安全观”的概念，即“以人民安全为宗旨，以政治安全为根本，以经济安全为基础，以军事、文化、社会安全为保障，以促进国际安全为依托，走出一条中国特色国家安全道路”①。党的十九大报告明确提出，坚持总体国家安全观，“必须坚持国家利益至上，以人民安全为宗旨，以政治安全为根本，统筹外部安全和内部安全、国土安全和国民安全、传统安全和非传统安全、自身安全和共同安全，完善国家安全制度体系，加强国家安全能力建设，坚决维护国家主权、安全、发展利益”②。

① 习近平．在中央国家安全委员会第一次会议上的讲话［N］．人民日报，2014－4－16（001）．

② 习近平．决胜全面建成小康社会夺取新时代中国特色社会主义伟大胜利——在中国共产党第十九次全国代表大会上的讲话［EB/OL］．新华网，2017－10－27．

总体国家安全观的精神实质，可以概括为五方面：一是坚持党对国家安全工作的绝对领导，这是做好国家安全工作的政治保证；二是国家安全利益至上是指导国家安全工作的首要原则，维护国家安全是国家安全工作的根本使命；三是坚持人民安全为国家安全工作的根本宗旨，人民安全是总体国家安全观的精髓所在；四是坚持共同安全是国家安全工作的重要准则，这是维护自身安全与国际安全的重要举措；五是促进民族复兴是国家安全工作的终极目标，这是实现中华民族伟大复兴的时代呼唤和重要保证。

系统掌握总体国家安全观的内涵和精神实质，关键要准确把握总体国家安全观的历史逻辑、理论逻辑和实践逻辑，深刻认识总体国家安全观根源于党的十八大以来国内外发生的历史性变革，发展于中国特色社会主义进入新时代和世界百年未有之大变局，是习近平总书记对国家安全问题的新概括新论断新思想，把我们党对国家安全的认识提升到新的高度和境界，是指导新时代国家安全工作的强大思想武器，顺应了时代的发展潮流，回应了人民的重大关切。其鲜明的理论性、实践性和时代性特征，要求我们在培育大学生总体国家安全观过程中，必须坚持理论与实际相结合，与时代同频共振，才能让他们系统掌握总体国家安全观的内涵和精神实质，并牢固树立和自觉践行总体国家安全观。

二、深入理解中国特色国家安全体系

深入理解中国特色国家安全体系是大学生总体国家安全观培育的重要基础。中国特色国家安全体系融合了理论、价值和实践三个维度，内涵丰富、主题鲜明、逻辑严密。大学生只有深入理解中国特色国家安全体系，才能从整体上把握我国国家安全的战略布局、推进策略和目标要求等，并学会发现和识别安全风险隐患、防范国家可能面临的安全风险、有效化解威胁国家安全的各类风险等基本技能和策略，从而维护国家的安全稳定。

习近平总书记在中央国家安全委员会第一次会议上强调指出："贯彻落实总体国家安全观，必须既重视外部安全，又重视内部安全，对内求发展、求变革、求稳定、建设平安中国，对外求和平、求合作、求共赢、建设和谐世界；既重视国土安全，又重视国民安全，坚持以民为本、以人为本，坚持国家安全一切为了人民、一切依靠人民，真正夯实国家安全的群众基础；既重视传统安全，又重视非传统安全，构建集国民安全、政治安全、国土安全、军事安全、经济安全、文化安全、社会安全、科技安全、信息安全、生态安全、资源安全、核安全等于一体的国家安全体系。"① 这是中国特色国家安全体系的最早表述，随着国内外安全形势的变化，国家安全体系也在不断丰富和完善。如2020年2月14日，在中央全面深化改革委员会第十二次会议上，习近平总书记强调要"把生物安全纳入国家安全体系，系统规划国家生物安全风险防控和治理体系建设，全面提高国家生物安全治理能力"②。中国特色国家安全体系是动态的、开放的体系。

要让大学生深入理解中国特色国家安全体系，必须树立总体国

① 习近平．在中央国家安全委员会第一次会议上的讲话［N］．人民日报，2014－4－16（001）．

② 习近平．在中央全面深化改革委员会第十二次会议上的讲话［N］．人民日报，2020－2－15（001）．

家安全观培育的整体性思维和发展性思维，才能使他们准确把握中国特色国家安全体系的内在逻辑及其辩证关系。因此，高校要合理设置国家安全教育的课程体系和教学体系，不仅要开设专门的国家安全教育课程，还要将国家安全教育内容有效融入思政课和专业课的课程教学当中。同时，还要将总体国家安全观融入校园文化建设、社会实践活动和网络空间生活当中，形成全员化、全过程、全方位的总体国家安全观培育新格局。

三、树立维护国家安全的底线思维

树立维护国家安全的底线思维是大学生总体国家安全观培育的基本要求。底线思维是指客观地设定最低目标、立足最坏情况、争取最大期望值来思考、谋划和推动工作的思想方法。习近平总书记多次强调："要善于运用底线思维的方法，凡事从坏处准备，努力争取最好的结果，这样才能有备无患、遇事不慌，牢牢把握主动权。"① "各种风险我们都要防控，但重点要防控那些可能迟滞或中断中华民族伟大复兴进程的全局性风险，这是我一直强调底线思维的根本含义。"② 提高底线思维能力，要始终保持清醒头脑，直面世界百年未有之大变局，认清"天下并不太平"这个现实，不断增强忧患意识，居安思危、未雨绸缪，做好应付最坏局面的准备，这是底线思维的基本要义。

"国家安全是安邦定国的重要基石，维护国家安全是全国各族人

① 中共中央宣传部．习近平总书记系列重要讲话读本［M］．北京：学习出版社，2016：58.

② 习近平．习近平谈治国理政：第3卷［M］．北京：外文出版社，2020：125.

民根本利益所在。"① 习近平总书记多次强调，保证国家安全是头等大事。古今中外的经验告诉我们，国家安全是国家和人民的底线、生命线，没有国家安全，一切都无从谈起。国家安全的底线思维就是稳定压倒一切。"当前我国国家安全的内涵和外延比历史上任何时候都要丰富，时空领域比历史上任何时候都要宽广，内外因素比历史上任何时候都要复杂。"② 面对"两个大局"，国内改革发展稳定任务艰巨繁重，国际形势波谲云诡、周边环境复杂敏感，要战胜前进道路上的各种艰难险阻，我们"必须保持清醒头脑、强化底线思维，有效防范、管理、处理国家安全风险，有力应对、处置、化解社会安全挑战"③。

新时代的大学生是国家的未来和民族的希望，在实现中华民族伟大复兴的新征程上，他们将肩负着维护国家安全的重要使命。习近平总书记强调："中华民族伟大复兴，绝不是轻轻松松、敲锣打鼓就能实现的。"④ 高校要加强总体国家安全观培育，让大学生牢固树立维护国家安全的底线思维，切实担负起维护国家安全的历史使命，为实现中华民族伟大复兴贡献青春力量。

---

① 习近平．决胜全面建成小康社会夺取新时代中国特色社会主义伟大胜利——在中国共产党第十九次全国代表大会上的讲话［EB/OL］．新华网，2017－10－27.

② 中共中央党史和文献研究院．习近平关于防范风险挑战、应对突发事件论述摘编［M］．北京：中央文献出版社，2020：28.

③ 习近平．在十八届中央政治局第十四次集体学习时的讲话［N］．人民日报，2014－4－27（001）.

④ 习近平．决胜全面建成小康社会夺取新时代中国特色社会主义伟大胜利——在中国共产党第十九次全国代表大会上的讲话［EB/OL］．新华网，2017－10－27.

四、将国家安全意识转化为自觉行动

将国家安全意识转化为自觉行动是大学生总体国家安全观培育的终极目标。国家安全意识属于精神层面，而维护国家安全的自觉行动则属于实践层面，从意识到行动的转化，需要通过接受系统的总体国家安全观培育，才能从思想认识上升到理想信念的高度，并在维护国家安全的自觉行动中，实现人生理想、体现人生价值。因此，肩负实现中华民族伟大复兴大任的新时代大学生，如果仅具备国家安全意识是远远不够的，还要有担负起维护国家安全的自觉行动。

高校培育大学生的总体国家安全观，要以促进大学生全面认识总体国家安全观为切入点，以增强大学生的国家安全意识为着力点，以提升大学生维护国家安全的自觉行动为落脚点，让大学生系统掌握总体国家安全观的科学内涵和精神实质，深入理解中国特色国家安全体系，树立维护国家安全的底线思维，心怀“国家安全，国之大者”，自觉将国家安全意识转化为具体行动。

为了促进大学生将国家安全意识转化为维护国家安全的自觉行动，高校在国家安全培育过程中，既要注重理论传授，也要强化实践训练；既要重视教育管理，也要发挥主体作用。要引导学生加强自我认知，塑造学生未来角色认同，拓展思想意识转化为自觉行动的机会。不仅要让学生深刻认识国家安全对国家富强、民族复兴、人民幸福的重要性，而且要让学生深刻认识国家安全对个人成长发展的必要性，让学生在“天下兴亡，匹夫有责”的使命意识中，主动践行总体国家安全观，自觉维护国家安全，争做新时代国家安全

的忠实守护者和坚定捍卫者。

五、强化维护国家安全的责任担当

强化维护国家安全的责任担当是大学生总体国家安全观培育的价值旨归。马克思主义认为，责任是人的社会属性，只有勇担责任，才能体现价值。习近平总书记熟谙新时代赋予青年的历史使命，多次激励青年强化责任担当，强调“新时代中国青年要担当时代责任，时代呼唤担当，民族振兴是青年的责任”①。他不仅肯定了青年能够堪当大任，而且对青年的责任担当提出明确要求。在庆祝中国共产党成立100周年大会上，习近平总书记强调：“新时代的中国青年要以实现中华民族伟大复兴为己任，增强做中国人的志气、骨气、底气，不负时代，不负韶华，不负党和人民的殷切期望!”② 新时代的大学生是中国青年的重要组成部分，是维护国家安全的“生力军”，理应强化责任担当，自觉担负起维护国家安全的职责使命。

历史和现实告诉我们，应对重大风险挑战是实现中华民族伟大复兴绕不过的门槛。我们越发展壮大，遇到的阻力和压力就会越大，面临的外部风险就会越多。习近平总书记指出：“这是我国由大向强发展进程中无法回避的挑战，是实现中华民族伟大复兴绕不过的门槛。”③ 因此，高校要把强化维护国家安全的责任担当作为大学生总

---

① 习近平．在纪念五四运动100周年大会上的讲话［N］．人民日报，2019-5-1(001)．

② 习近平．在庆祝中国共产党成立100周年大会上的讲话［N］．人民日报，2021-7-2（002）．

③ 中共中央党史和文献研究院．习近平关于防范风险挑战、应对突发事件论述摘编［M］．北京：中央文献出版社，2020：89．

体国家安全观培育的重要目标，不断增强他们的使命意识，让他们把维护国家安全的责任担当融入国家富强、民族复兴、人民幸福的伟大实践中。

维护国家安全是全国各族人民根本利益所在，更是新时代大学生义不容辞的责任。通过总体国家安全观培育，使他们不断厚植爱国主义精神，增强国家安全意识、责任意识和忧患意识，提升作为国家主人翁的责任感、自豪感和归属感，不断增强维护国家安全的意识和能力，自觉践行总体国家安全观。从个人的角度来讲，大学生要自觉担负起维护国家安全的历史使命，正如习近平总书记在庆祝中国共产党成立 100 周年大会上所强调："新时代的中国青年要以实现中华民族伟大复兴为己任，增强做中国人的志气、骨气、底气，不负时代，不负韶华，不负党和人民的殷切期望!"① 大学生只有自觉担起维护国家安全的责任，才能在成长发展中体现个人的生命意义和社会价值。

① 习近平. 在庆祝中国共产党成立 100 周年大会上的讲话［N］. 人民日报，2021-7-2（002）.

第六章 大学生总体国家安全观培育的内容和途径

大学生总体国家安全观的培育内容，是大学生总体国家安全观培育目标任务的具体化，决定着大学生总体国家安全观培育的特殊本质，制约着大学生总体国家安全观培育各要素及其功能的发挥。大学生总体国家安全观的培育途径，是大学生总体国家安全观培育内容和培育目标的重要桥梁，是实现大学生总体国家安全观培育目标的重要载体。为实现大学生总体国家安全观的培育目标，必须明确培育内容，创新拓展培育途径。

第一节 大学生总体国家安全观培育的主要内容

总体国家安全观是系统完整、内涵丰富、逻辑严密的科学理论体系。对大学生总体国家安全观的培育，高校首先应明确培育的主要内容，以推动实现培育目标和增强培育效果，主要内容分为基本内容和重点内容。

一、大学生总体国家安全观培育的基本内容

《指导纲要》提出了国家安全教育的基本内容，主要包括国家安全的重要性、我国新时代国家安全的形势与特点、总体国家安全观的基本内涵、重点领域和重大意义，以及相关法律法规。通过基本内容教育，使学生能够从整体上理解和把握总体国家安全观培育的理论基础、价值意蕴和实践要求。

（一）国家安全的重要性

通过国家安全的重要性培育，使大学生深刻理解国家安全直接关乎国家的主权独立和领土完整，是人民安居乐业、幸福生活的根本保障，是社会稳定、长治久安的重要基石，是实现中华民族伟大复兴中国梦的基本前提；使大学生深刻认识国家安全对推动国家富强、民族复兴和人民幸福的重要性；更使大学生深刻认识国家安全对个人健康成长、顺利成才的重要性，从而促进大学生不断增强维护国家安全的自觉性和主动性，不断提升维护国家安全的意志力和行动力。

（二）我国新时代国家安全的形势与特点

通过我国新时代国家安全的形势与特点培育，使学生深刻理解我国新时代国家安全面临的严峻形势和特点，特别是“深刻认识我国社会主要矛盾变化带来的新特征新要求，深刻认识错综复杂的国

际环境带来的新矛盾新挑战”①，从而在思想上牢固树立国家安全的底线思维，自觉增强忧患意识和使命担当。

（三）总体国家安全观的基本内涵、重点领域和重大意义

通过总体国家安全观的基本内涵、重点领域和重大意义培育，使大学生深刻理解总体国家安全观是习近平新时代中国特色社会主义思想的重要组成部分，国家安全的内涵十分丰富，涵盖的领域十分广泛，各领域安全相互关联相互支撑，是系统科学的理论体系、实践体系和价值体系；深刻认识贯彻落实总体国家安全观是每个公民的法定义务；深刻理解总体国家安全观构建了国家安全的中国话语体系，重塑了中国国家安全体制机制，指明了中国特色国家安全道路方向；深刻认识树立和践行总体国家安全观对于维护国家安全、社会稳定、个人发展具有十分重要的意义。

（四）相关法律法规

通过相关法律法规教育，使大学生牢固树立国家安全法治理念，不断增强国家安全法治意识，严格遵守国家安全的相关法律法规，自觉运用法治思维和法治方式维护国家安全和自身安全。

二、大学生总体国家安全观培育的重点内容

《指导纲要》提出了国家安全教育的重点内容，包括政治安全、

① 习近平. 在庆祝中国共产党成立 100 周年大会上的讲话［N］. 人民日报，2021－7－2（002）.

国土安全、军事安全、经济安全、文化安全、社会安全、科技安全、网络安全、生态安全、资源安全、核安全、海外利益安全以及太空、深海、极地、生物等不断拓展的新型领域安全。高校通过重点内容的培育，使大学生深刻理解国家安全各重点领域的基本内涵和重要意义，清晰辨识各重点领域面临的威胁和挑战，全面掌握维护国家安全的途径和方法。

（一）政治安全

政治安全主要包括政权安全、制度安全、意识形态安全等方面。通过对大学生进行政治安全培育，使他们深刻理解政治安全攸关党和国家安危，是国家安全的根本所在，是维护人民安全和国家利益的根本保证，是坚持和发展中国特色社会主义的根本前提；深刻理解政治安全对于不断提高全体国民的获得感、幸福感和安全感，对于实现国家长治久安具有根本性和全局性的重大意义；使他们清醒认识政治安全面临国际反华敌对势力对我国发展道路、社会制度等歪曲诬蔑和遏制打压加剧，政治认同与政治信仰弱化，民族分裂势力和宗教极端势力的分裂活动猖獗，党内“四风”等腐败现象依然存在，社会矛盾在交织演变传导等威胁与挑战；使他们全面掌握维护政治安全的途径和方法，主要包括增强“四个意识”，坚定“四个自信”，做到“两个维护”，心怀“国之大者”，积极参与中国特色社会主义和中国梦的宣传教育，自觉抵御和防范敌对势力的渗透颠覆破坏活动。

（二）国土安全

国土安全包括领土以及自然资源、基础设施安全等方面。通过对大学生进行国土安全培育，使他们深刻理解国土的核心是指领土完整、国家统一，边疆边境、领空、海洋权益等不受侵犯或免于威胁的状态；深刻理解国土安全是国家生存和发展的基本条件，与其他领域的安全息息相关，是人民幸福生活的重要基础；深刻理解国土安全包括领土主权不受侵犯，领土完整不被分裂，涵盖了领土领海领空以及自然资源和基础设施等要素；使他们清醒认识我国国土安全面临境内外分裂势力围绕领土边界挑起事端，多方在南海和东海与我国争夺岛礁主权和海洋权益问题，“台独”“藏独”“东突”“港独”等分裂活动依然严峻，西方国家频频制造不实国际舆论和部分周边国家制造舆情激化矛盾等威胁，从而使他们全面掌握维护国土安全的途径和方法，包括积极参与国家兴边富民行动，主动增强国土安全的国际话语权，增强国土安全对外法律斗争能力等，自觉担负起维护国土安全的历史使命，自觉以实际行动维护国家安全。

（三）军事安全

军事安全包括军事力量、军事战略和领导体制等方面，通过对大学生进行军事安全培育，使他们深刻理解军事手段始终是维护国家安全的保底手段，军事安全是建设巩固国防的重要前提；深刻理解军事安全包括军事与国防的关系，战争与战略的关系，国家武装力量的组成，坚持党指挥枪的领导体制，军事科技与武器装备和军事秘密等；使他们清醒认识世界新军事变革带来战争形态和作战样式发生新的变化，军事战略、作战思想和军事力量建设面临新的环境，太空、网络、人工智能等新型安全领域的斗争日趋尖锐复杂；使他们全面掌握维护军事安全的途径和方法，主要包括必须贯彻落实习近平强军思想，全面推进国防和军队现代化建设，明确军事领导指挥体制与力量建设的基本内容，明确贯彻强军思想创新军事战略指导的主要方法，并主动接受军事保密教育，积极参与维护军事安全。

（四）经济安全

经济安全主要包括基本经济制度安全、经济秩序安全、经济主权安全、经济发展安全等方面。通过对大学生进行经济安全培育，使他们深刻理解经济安全是实现人民安全、政治安全、军事安全、文化安全、社会安全和国际安全等的重要基础；使他们清醒认识经济安全面临世界贸易战、经济霸权和霸凌主义加剧等国际经济金融动荡，国际经济秩序面临改旧换新趋势，主要经济领域安全存在滑坡风险等；使他们全面掌握维护经济安全的途径与方法，主要包括维护经济方针政策自主制定权利、维护有效掌握自己重要资源权利和维护有效掌握自己战略产业权利等；使他们深刻认识维护经济安全必须坚持和完善中国特色社会主义经济发展道路，并通过具体行动参与维护经济安全。

（五）文化安全

文化安全包括国家文化主权、文化价值观、文化资源安全等方面。通过对大学生进行文化安全培育，使他们深刻理解文化是国家和民族的灵魂，是确保民族、国家独立和尊严的重要精神支撑，是国家安全的重要保障，是建设社会主义文化强国的重要基础，是国际博弈的重要领域；使他们清醒认识文化安全面临着西方文化和西方意识形态侵蚀，文化传统与文化符号被恶意解构，文化自信和文化向心力缺失，文化民粹主义抬头等威胁；使他们全面掌握维护国家文化安全的途径和方法，包括积极参与文化遗产保护和利用，主动参加国际文化合作，在维护文化安全实践中不断增进文化自信、文化自觉和文化自强，明确维护文化安全必须强化中华优秀传统文化、革命文化和社会主义先进文化教育。

（六）社会安全

社会安全包括社会治安、社会舆情、公共卫生等方面。通过对大学生进行社会安全培育，使他们深刻理解社会安全是国家安全的重要保障，是社会和谐稳定的重要基础，是提升人民群众幸福感和满意度的重要条件；使他们清醒认识社会安全面临社会群体性上访事件，暴力恐怖活动事件时发、境外势力渗透破坏日益严重、新型违法犯罪方式多样、社会舆情复杂等威胁与挑战；使他们全面掌握维护社会安全的途径和方法，包括接受社会安全事件应对能力教育培训、参与社会安全预警体系建设、参加社会舆情引导管控等实践活动，提升应对各种社会公共安全问题的能力，更加明确维护社会安全必须健全法制，完善体制机制。

（七）科技安全

科技安全包括科技自身安全和科技支撑保障相关领域安全，涵盖科技人才、设施设备、科技活动、科技成果、成果应用等多方面。通过对大学生进行科技安全培育，使他们深刻理解科技安全是支撑国家安全的重要力量和技术基础，是维护国家利益、提升国家实力和保障其他领域安全的重要支撑；使他们清醒认识我国的科技安全面临科技基础相对薄弱，重点领域核心技术受制于人，原始创新能力不足，重大科技信息存在失控风险，科技安全风险防范能力不足，高端人才流失问题突出等威胁与挑战；使他们全面掌握维护科技安全的途径和方法，包括落实科技战略规划，突破重点领域和关键技术，加强科技人才队伍建设，完善科技安全治理等；使他们明确维护科技安全必须重视人才培养和突破关键技术，并自觉参与科技安全宣传教育，主动防范技术“双刃剑”效应，提升应对科技安全问题能力，共同推进科技强国。

（八）网络安全

网络安全包括网络基础设施、网络运行、网络服务、信息安全等方面。通过对大学生进行网络安全培育，使他们深刻理解网络安全是保障和促进信息社会健康发展的基础，事关国家安全和发展、事关国家网络主权、事关广大人民群众生活、事关经济社会稳定运行；使他们清醒认识网络安全面临网络信息影响民众意识形态和价值取向，关键基础设施安全隐患增大，网络犯罪呈现高发态势等威胁与挑战；使他们全面掌握维护网络安全的途径与方法，包括加强网络安全信息收集、分析、通报和应急处置，建立监测预警与应急处置制度，建立网络安全审查制度，采取监测、记录网络运行状态和网络安全事件的技术措施等；使他们明确维护网络安全必须践行“没有网络安全就没有国家安全，没有信息化就没有现代化”的理念，强化依法治网、技术创新、国际合作等，从而牢固树立网络空间主权意识，自觉遵守网络安全法律法规，主动参与网络安全建设，共同营造安全的网络环境。

（九）生态安全

生态安全包括水、土地、大气、生物物种安全等方面。通过对大学生进行生态安全培育，使他们深刻理解生态安全是人类生存发展的基本条件，是经济安全的基本保障，是政治安全和社会稳定的坚固基石，是国土安全的重要屏障，是资源安全的重要基础；使他们清醒认识生态安全面临生态破坏、环境污染、疫情等威胁和挑战；使他们全面掌握维护生态安全途径与方法，包括健全生态保护和修复制度、加强环境治理、强化国门安全管理等，明确维护生态安全必须践行“绿水青山就是金山银山”理念，积极参与生态环境综合治理，主动宣传生态安全和环境保护的相关知识，自觉遵守生态保护法律法规，共同筑牢国家生态安全屏障。

（十）资源安全

资源安全包括可再生资源安全、不可再生资源安全等方面。通过对大学生进行资源安全培育，使他们深刻理解资源安全是国家战略命脉、产业发展基础、国民经济支撑、社会稳定基石，是经济安全和社会安全的依托，是科技安全的有效载体；使他们清醒认识资源安全面临资源供需矛盾形势严峻、资源对外依存度高、资源开发利用水平低等威胁与挑战；使他们全面掌握维护资源安全的途径与方法，包括坚持推进绿色发展，提高资源开发利用水平，利用好两个市场和两种资源，健全预防预备体系等，从而自觉参与资源保护和开发利用，主动宣传资源保护知识，积极倡导绿色低碳的生活方式，共同维护国家资源安全。

（十一）核安全

核安全包括核材料、核设施、核技术、核扩散安全等方面。通过对大学生进行核安全培育，使他们深刻理解核安全事关人民群众的生命和人类的前途命运，核安全是核能与核科学技术发展的前提和基础；使他们清醒认识核安全正面临着核事故风险、涉核恐怖活动、核扩散威胁和核对抗挑战等威胁与挑战；使他们全面掌握维护资源安全的途径与方法，主要包括维护核安全必须强化政治投入、国家责任、国际合作、核安全文化建设，必须保持核设施始终处于较高安全水平，必须提升应急处置能力，必须做好信息公开和舆论引导，必须做好核安全的监督检查，必须加强国际合作与维护国际核安全体系建设等，全面提升核技术能力。

（十二）海外利益安全

海外利益安全包括海外中国公民、机构、企业安全和正当权益，海外战略性利益安全等方面。通过对大学生进行海外利益安全培育，使他们深刻理解维护海外利益安全是新一轮对外开放的必然要求，是保护国家利益和增进人民福祉的重要保障，是统筹国内国际两个大局的时代召唤；使他们清醒认识海外利益安全面临冲突与政局动荡、国际恐怖主义、重大自然灾害、重大新发突发传染病疫情等威胁与挑战；使他们全面掌握我国维护海外利益安全的途径与方法，包括健全维护海外利益安全的工作机制，加强维护海外利益安全的国际合作，强化海外非战争军事行动等，更加明确维护海外利益安全是我国高水平对外开放的必然要求，自觉参与海外安全文明出行宣传教育，积极维护海外利益安全。

（十三）新型领域安全

新型领域安全包括太空、深海、极地、生物等的发展探索和保护利用等。通过对大学生进行新型领域安全培育，使他们深刻理解新型领域安全是战略新疆域安全，是涉及潜在的重大国家利益，是未来国际竞争的新焦点；使他们清醒认识新型领域安全面临太空频轨资源短缺，太空碎片增加阻碍人类活动，深海探索和极地探索风险未知，生物武器危害人类健康等威胁与挑战；使他们全面掌握我国维护新型领域安全的途径与方法，包括推进新型领域安全的顶层设计，加快新型领域安全的科技创新和人才培养，开展新型领域安全国际合作等，从而自觉参与推动新型领域的安全文化建设，主动学习新型领域的知识和技术，积极参与推动新型领域国际治理和规则制定，共同维护新型领域安全。

第二节 大学生总体国家安全观培育的主要途径

培育途径是保证培育目标得以实现、培育内容得以传授的渠道和路径。进入新发展阶段，总体国家安全观培育的主客观条件已经发生了根本性变化，因此，培育途径也要与时俱进才能取得预期效果。《指导纲要》列出了大中小学国家安全教育的途径有开设专门课程、开展专题教育、融入各学科专业教育教学、发挥校园文化作用和充分利用社会资源等，为高校创新拓展总体国家安全观培育途径提供了有益参考。

一、开设国家安全教育专门课程

开设国家安全教育专门课程，是大学生总体国家安全观培育的创新途径。所谓专门课程，顾名思义就是专门为特定的重大主题教育和群体而开设的课程，专门课程具有针对性强、精准性高等特点。具体来说，就是在某个时间段内，针对特定对象群体进行专门教育，体现为明确的教育对象、教育目标和教育内容。近年来，各高校开展的创新创业教育、劳动教育、职业发展与就业指导等均属于专门课程，取得了良好效果和丰富经验，为国家安全教育专门课程的开设提供了有益参考。高校要依托马克思主义学院等相关教学科研机构，开设国家安全教育的专门课程，为大学生全面系统学习总体国家安全观奠定坚实基础。

基于总体国家安全观内涵的丰富性、逻辑的严密性和知识的高阶性，开设国家安全教育专门课程，既能够使学生全面系统地掌握国家安全的具体内容，形成完整的国家安全知识图谱；又能够避免教育资源浪费，提高教育教学质量。为推动国家安全教育专门课程的有效开展，高校应将国家安全教育专门课程列入公共基础课（通识必修课），以保证每个学生都能够接受国家安全教育，推进实现总体国家安全观培育的全覆盖。

开设国家安全教育专门课程，要围绕总体国家安全观这个主题，建立课程的内容体系和组织形式。专门课程的内容体系结构可分为两大部分，即总论和重点领域。其中，总论主要包括国家安全的重要性，总体国家安全观的基本内涵、重点领域和重大意义，我国新时代国家安全的形势与特点，以及相关法律法规。通过总论部分的教育，使学生深刻认识总体国家安全观、国家安全的形势和特点、国家安全的法律法规等基本知识，从而不断增强国家安全意识。通过重点领域部分的教育，使学生系统掌握国家安全重点领域的基本内涵、重要性、面临的威胁与挑战、维护的途径与方法等，从而不断提高维护国家安全的能力。在组织形式上，通过引导学生深入学习总体国家安全观的相关理论，使学生在思维训练中提升维护国家安全的思想意识；通过指导学生系统学习维护国家安全的相关内容，使学生在实践锻炼中掌握维护国家安全的科学方法。国家安全教育专门课程的教学要遵循内容的完整性、突出思想的前沿性、明确对象的层次性等基本原则。

二、开展国家安全专题教育

开展国家安全专题教育，是大学生总体国家安全观培育的基本途径。“从社会发展和学生发展的要求来看，各类专题教育都具有非常鲜明的时代特点和现实意义，既是学校整体教育教学活动的重要组成部分，也是学校全员育人和全人发展的重要议题。”① 相较于中小学，高校开展专题教育独具优势，有利于拓展高校的教育场域，有利于培养学生的实践能力。因此，在大学生总体国家安全观的培育过程中，可以围绕总体国家安全观及其各重点领域，确定综合性或特定领域的主题并开展专题教育，为大学生深刻认识总体国家安全观奠定坚实基础。

目前，各高校已常态化开展多种主题和形式的专题教育。为了避免与其他专题教育在内容和功能上的交叉重叠，化解课时限制和课业负担，提升国家安全专题教育的效率和质量，高校要对所有专题教育进行结构性调整和转换。在实施机制上，将国家安全专题教育的单元教学融入现有课程政策空间和课程实施框架中，对应整合到学科教学、综合实践活动、党团组织活动等课程安排当中，并进行统筹规划和整体推进，保证国家安全专题教育能够纳入学校的日常教育教学系统。在实施路径上，按照便于操作和领域相近原则，通过学科渗透、板块单列、场域共享、汇总集成等方式进行整合实施。要充分利用新媒体新技术，推动实现线上线下两个教学场域的优势互补和深度融合，目的是解决国家安全专题教育不均衡、不规范、不系统等问题。

要实现国家安全专题教育的功能和目标，高校首先要进行问题

① 陈华，吴刚平．中小学专题教育整合实施机制探讨［J］．教育发展研究，2020（18）：9－17.

设计，明确学什么和怎么学，形成国家安全专题教育的主题规模和问题链条；其次，将总体国家安全观这个大专题分解和细化为若干个中主题及其下属小主题；再次，根据主题单元的教育内容和教育方式来设计问题链条，以便引导学生展开国家安全专题教育的学习之旅；最后，再通过讲座、参观、调研、竞赛等方式，引导学生进行案例分析、实地考察、访谈探究、行动反思，重点要学生自主参与、体验感悟，激发学生兴趣。

三、融入各学科专业教育教学

融入各学科专业教育教学，是大学生总体国家安全观培育的主要途径。近年来，在“三全育人”“大思政”“课程思政”等教育理念的引领下，融入各学科专业教育教学的方式方法备受推崇，如将思政元素融入各学科专业教育教学当中，推动实现各类课程与思政课同向同行，形成协同效应。既有经验为将国家安全教育融入各学科专业教育教学提供了实践借鉴。通过将国家安全知识融入各学科专业的教育教学当中，发挥总体国家安全观在“课程思政”中的引领作用，发挥各学科专业在国家安全教育中的载体作用，推动实现两者的协同效应。

高校将国家安全教育融入各学科专业教育教学主要有两大板块，包括公共基础课和学科专业课。其中，公共基础课主要包括思想政治理论课、军事理论课、大学英语等，学科专业课主要是指各本专科专业的专业课程。国家安全教育融入公共基础课要结合基础课的课程性质，思想政治理论课、军事理论课和国家安全教育在内容上契合度最高，应作为融入的主要课程，从某种意义上说，思想政治理论课和军事理论课就是国家安全教育，但也有各自的侧重点，因此，不能忽视在融入过程中突出国家安全教育的特殊性，还需要注意融入的知识点和方式方法。国家安全教育融入学科专业课不仅要结合本学科本专业特点，而且要结合各门课程的内容和教学特点，明确国家安全教育的内容和基本要求，确保有机纳入“课程思政”的教学体系当中。

为使国家安全知识有机融入各学科专业的教育教学中，高校要加大各学科专业教师的培训力度，使各学科专业教师深刻认识国家安全教育的重要性，系统掌握国家安全教育的知识体系和方法体系，特别是融入各学科专业的方式方法。各学科专业教师要强化国家安全意识，并通过延伸和拓展学科知识，引导学生运用所学知识分析国家安全问题，着力强化学生的国家安全意识，丰富学生的国家安全知识。同时，要引导学生深入理解总体国家安全观，使学生系统掌握国家安全的基础知识，结合学科专业领域特点，在课程中有机融入国家安全教育内容，避免简单添加或生硬联系；在教学中有机融入国家安全教育的内容和方法，充分挖掘学科专业课程蕴含的国家安全要素，努力提升教学实效。

四、发挥校园文化作用

发挥校园文化作用，是大学生总体国家安全观培育的重要途径。校园文化的导向功能、约束功能、凝聚功能、激励功能和辐射功能，对大学生增强国家安全意识、践行总体国家安全观和铸牢总体国家安全观产生重要的影响，通过校园文化建设实现育人目标是高校的通常做法。注重国家安全文化建设和氛围营造的高校，将有效促进大学生牢固树立国家安全意识和自觉主动维护国家安全，反之亦然。因此，高校要发挥“文化育人”作用，为大学生总体国家安全观培育营造良好的文化环境。

校园文化本身具有浓厚的意识形态特征，总体国家安全观是高层次的意识形态，两者之间契合度高，能够相辅相成、彼此促进，校园文化可以为总体国家安全观的培育提供途径和载体，促进大学生认同和内化总体国家安全观；总体国家安全观也可以指导和引领校园文化建设，丰富和发展校园文化建设的内容与形式，提升校园文化建设水平。校园文化主要包括物质文化、精神文化、制度文化、行为文化和网络文化等方面，为此，高校要全方位营造总体国家安全观培育的校园文化情境。

由于国家安全领域点多面广，仅靠短期集中学习是远远不够的，需要常态化开展国家安全教育活动。校园文化建设是常态化国家安全教育的重要途径和载体，为此，高校要充分利用各类社团、报刊媒体、广播站、宣传栏等平台，经常性地开展国家安全教育，把国家安全教育融入大学生的日常学习生活当中，实现国家安全知识传播的常态化。还要借助学校网站开设国家安全宣传专栏或在线学习平台，开发适合互联网、移动终端等新兴媒体传播手段的国家安全教育精品资源，为大学生提供全方位的国家安全学习资源。同时，高校还要结合新生入学教育、升旗仪式、军训、节日庆典、全民国家安全教育日等重要时间节点，组织开展形式多样的国家安全教育文化活动，让学生在丰富的校园文化生活中自觉增强国家安全意识，牢固树立总体国家安全观。

五、充分利用社会资源

充分利用社会资源，是大学生总体国家安全观培育的有效途径。社会资源对人才培养具有重要的促进作用，历史经验告诉我们，哪所高校能够将社会资源“为我所用”，就能够得到快速发展；哪所高校不善于利用社会资源，就会停滞不前甚至倒退。由此可见，在高等教育已经步入社会舞台中央的时代背景下，高校和社会各领域的关系从未像今天这样密不可分。近年来，各高校坚持开放的办学理念，主动融入社会各个领域并充分利用各种社会资源，有效解决了自身办学资源短缺的问题。可以说，利用社会资源已成为高校人才培养的重要途径。

社会资源对大学生总体国家安全观培育具有不可替代的重要作用。党和国家历来高度重视国家安全建设，已经形成了完善的国家安全保障体系，包括国家安全的人才、机构和信息等，这是大学生总体国家安全观培育的重要社会资源。这些资源能够为高校开展培育活动提供强大的人才支撑、丰富的教育内容和教育平台。当前，大学生的总体国家安全观培育还存在师资力量薄弱、实践载体不多和条件保障有限等问题，因此，高校要充分利用社会资源，为总体国家安全观培育高质量发展提供有力保障。

高校利用社会资源培育大学生的总体国家安全观，可从两个方面来着手。一是充分利用社会人才资源。社会上与总体国家安全观培育相关的除了国家安全机关、政府部门、政法队伍、武装部队等领域的专业人才，还有部分专业机构和行业企业的安全技术人才，他们都具有丰富的实践经验。因此，高校要充分发挥国家安全各领域专业人才、专业机构和专业领域的作用，通过邀请他们进校开设国家安全的专题讲座、指导学生开展国家安全实践活动、培训校内国家安全教育师资、为师生提供国家安全方面的专业咨询和体验服务等。二是充分利用社会物质资源。高校要有效利用地方的国家安全教育基地、爱国主义教育基地、红色文化教育基地等各类场馆、基地、设施等，通过校地合作、校企合作等方式开发大学生总体国家安全观培育的实践课程，组织开展现场教学，强化学生的体验和感受。

第七章 大学生总体国家安全观培育的实施方略

总体国家安全观既有很强的理论性和实践性，又有很强的时代性和先进性。培育大学生总体国家安全观是复杂的系统工程，需要运用“三全育人”思维和“大思政”理念，构建融合课程教学、校园文化、社会实践和网络空间“四个课堂”的培育体系，打造校内、校外、线上、线下贯通的立体化培育新格局，确保在大学阶段形成全周期的总体国家安全观培育。

第一节 在课程教育教学中培育总体国家安全观

课程教学是培育大学生总体国家安全观的“第一课堂”。课程主要包括国家安全教育专门课程、思政课程和各学科专业课程等。其中，国家安全教育专门课程是培育大学生总体国家安全观的“主渠道”，思政课程是培育大学生总体国家安全观的“主阵地”，各学科专业课程是培育大学生总体国家安全观的“大战场”，要充分利用“第一课堂”，开设好国家安全教育的专门课程，在思政课程和各学科专业课程教学中有机融入总体国家安全观，挖掘思政课程和各学科专业课程蕴含的总体国家安全观元素，把课程教育教学作为总体国家安全观培育的重要途径。

一、国家安全教育专门课程教学

（一）国家安全专门课程教学的重要作用

国家安全专门课程教学是培育大学生总体国家安全观的“主渠道”。如前所述，总体国家安全观内涵丰富、逻辑严密、博大精深，具有理论性、实践性、时代性和先进性等特点。推动大学生牢固树立和积极践行总体国家安全观，仅靠融入其他课程教学是远远不够的，必须接受专门的国家安全教育。因此，通过国家安全专门课程教学，使大学生深入系统地学习国家安全知识，进而深刻认识树立和践行总体国家安全观的重要意义，深入理解总体国家安全观的科学内涵和精神实质，清醒认识国家安全各重点领域面临的威胁和挑战，准确掌握维护国家安全的途径和方法。

通过国家安全专门课程教学，让大学生认识到国家安全教育的重要性和必要性，进而主动接受教育，提高学习质量。大学生通过专门课程接受国家安全教育，形成完整的国家安全知识图谱，才能在将国家安全教育融入其他课程教学中发挥知识联结作用，在校园文化建设中发挥国家安全教育的文化塑造作用，在社会实践活动中发挥国家安全教育的能力强化作用，在网络空间生活中发挥国家安全教育的主观能动作用。可以说，专门课程教学是其他渠道开展国家安全教育的前提和基础。

（二）国家安全专门课程教学的主要特点

国家安全教育专门课程教学具有专业性、针对性和便捷性等特点。专业性体现在国家安全教育课程由权威机构和专家团队开发，任课教师均为专业人员，以确保课程的水平和质量。教育部目前正在研制高校国家安全教育教材，但由于各类高校的学生差异性大，因此，各高校要在不改变国家统编教材基本内容的基础上，结合自身实际开发国家安全教育的校本教材，实现本土化和校本化。同时，还要打造专业化的国家安全教育教师团队，以保证教学质量稳步提高。

针对性体现在课程内容和授课对象的相互匹配，即国家安全教育的课程内容既要符合国家的有关规定，也要符合授课对象的特点和需要，即必须遵循大学生的认知规律。通过实施针对性的国家安全课程教学，使大学生形成国家安全的理论思维，实现从学理认知到信念生成的转化，增强维护国家安全的使命担当。

便捷性体现在国家安全课程教学能够为大学生提供方便快捷的国家安全教育服务，随时能够满足大学生的学习需要，而无须大学生从其他渠道获取国家安全知识。高校通过国家安全教育专门课程建设和专业教师队伍建设，形成国家安全教育的权威信息和专业服务，为大学生提供全方位的国家安全教育知识，即大学生可以通过线上线下、校内校外便捷地获取国家安全教育专门的知识和服务，实现全时空的国家安全教育。

（三）国家安全专门课程的教材研制

开设国家安全专门课程，必然需要研制专用的教材，高校国家安全专门课程的教材研制要以习近平新时代中国特色社会主义思想为指导，以总体国家安全观为统领，以国家统编教材为依据，构建具有中国特色和本校特色的国家安全教育教材内容体系。在教材内容建构上，应以总体国家安全观的“六个顶层设计思路”“五个既重视又重视”“十六个安全”和“四个国际安全理念”为主线，适当融合地方和本校的国家安全教育内容，可分为总论和分论两个板块，章节布局要体现层次性和系统性。

总论板块主要包括国家安全的重要性，我国新时代国家安全的形势与特点，总体国家安全观的基本内涵、重点领域和重大意义，以及相关法律法规。让大学生通过对习近平关于总体国家安全观重要论述、国家安全领导体制和运行机制、国家安全法律制度体系等内容的学习，深刻理解我国新时代国家安全的形势与特点，系统把握总体国家安全观的科学内涵和精神实质，准确掌握国家安全的有关法律法规等，从而牢固树立和积极践行总体国家安全观，不断增强国家安全意识。

分论板块主要包括政治安全、国土安全、军事安全、经济安全、文化安全、社会安全、科技安全、网络安全、生态安全、资源安全、核安全、海外利益安全以及太空、深海、极地、生物等不断拓展的新型领域安全。让大学生通过对国家安全各重点领域的基本内涵、重要性、面临的威胁与挑战、维护的途径与方法等内容的学习，深入理解各重点领域的科学内涵和重要意义，清醒认识各重点领域面临的威胁与挑战，系统掌握维护各重点领域安全的途径与方法，自觉提升维护国家安全的能力。

（四）国家安全专门课程的教学方法

作为专门的课程，其教学方法应结合总体国家安全观培育的具体要求来选择。总体国家安全观的培育侧重于价值塑造和技能习得。因此，国家安全专门课程的教学方法就不能单纯地进行理论灌输，当然理论讲授必不可少，这是由总体国家安全观的理论特性所决定的，也是大学阶段所有教育的基本特点，但要把握好知识传授的程度和技巧。要在理论讲授方面让学生系统理解总体国家安全观的知识体系，打下深厚的理论根基，才能在此基础上引导学生将知识体系上升为价值体系和方法体系。

国家安全专门课程教学，要通过系统学习和理论阐释的方式，运用理论与实践、历史与现实相结合的方法来展开。系统学习指向的是对总体国家安全观的全面理解，理论阐释指向的是对总体国家安全观的逻辑把握，理论与实践相结合指向的是对总体国家安全观的培育要求，历史与现实相结合指向的是对总体国家安全观的发展认识。具体来说，国家安全专门课程的教学要引导学生全面深入理解总体国家安全观的理论体系、内在逻辑、精神实质和重大意义，理解总体国家安全观蕴含和体现的马克思主义国家安全立场、观点和方法，增进学生对总体国家安全观科学性和系统性的把握，提高学习和运用总体国家安全观的自觉性，增强国家安全意识和维护国家安全能力。

国家安全专门课程教学方法主要有理论教学法、案例教学法和行动教学法等。理论讲授法，既要重视国家安全教育内容的科学性和思想性，又要尽可能与学生的认知基础发生联系，要具有启发性，注重培养学生的国家安全意识；案例教学法，可以选择媒体公开的涉及大学生的间谍案件进行分析讨论，重点引导学生分析问题产生的原因，以及如何避免类似问题的发生，注重培养学生掌握维护国家安全的途径和方法。行动导向教学法，就是在教师的组织和协调下，以国家安全教育项目设计教学情境，由学生通过小组或个人来独立获取信息、独立制订计划、独立实施计划、独立评估计划，在行动中掌握维护国家安全的技能。

（五）国家安全专门课程的学分和课时安排

国家安全教育专门课程应列为公共基础课（通识必修），高校应结合实际安排 1—2 个学分和不少于 32 个课时，通过课堂教学和实践教学来完成，其中课堂教学应占三分之二，专门课程主要由国家安全教育的专业型教师负责实施。作为公共基础课要求每个学生都应深入理解和系统掌握总体国家安全观理论知识和基本技能，这是学生成长发展的需要；作为通识必修课要求每个学生必须接受国家安全教育，这是法定义务。

国家安全专门课程的课时可以分别安排在不同学年进行教学，每个学年安排 8 个课时比较合理，这样安排既考虑到不同年级学生的接受水平，又考虑到不影响其他课程的课时安排，国家安全专门课程的教学内容设计也要结合不同年级学生的实际，实践性的课时宜安排在低年级阶段，理论性的课时宜安排在高年级阶段，课程内容要根据国家安全的发展形势进行更新和补充，以体现总体国家安全观培育的时代性和先进性。

二、在思政课中融入总体国家安全观

（一）总体国家安全观融入思政课的可行性

思政课是培育大学生总体国家安全观的“主阵地”。之所以这样认为，一是总体国家安全观的培育目标和思政课的教育目标具有契合性，都是为了培养担当民族复兴大任的时代新人；二是国家安全教育的内容和思政课的内容具有关联性，思政课的内容本身就蕴含有国家安全教育的内容，国家安全教育的内容也蕴含有思政课的内容成分，可以说总体国家安全观是思想政治教育的重要组成部分；三是总体国家安全观的教学方法和思政课的教学方法具有相似性，两者都需要通过理论讲授和实践教学来实现教育目标。总之，将国家安全教育融入思政课，可以丰富思政课的教育内容，拓展思政课的教学路径，增强思政课的亲和力与针对性，反之亦然，两者是相辅相成、互相促进的关系。总体国家安全观融入思政课，要从内容、方法和意义三个方面来着手。

（二）总体国家安全观融入“原理”课

“马克思主义基本原理”课简称“原理”课。从该门课程的角度来看，“总体国家安全观从内容和价值理念上充分蕴含着马克思主义辩证唯物主义和历史唯物主义的观点，同时也体现了马克思主义认识论的理论观点，这为学生认识和分析中国坚持走出一条中国特色国家安全道路提供了思想方法”①。总体国家安全观中的“以人民安全为宗旨”体现了马克思主义的人本思想，“五个既重视又重视”体现了马克思主义两点论与重点论的辩证关系，总体国家安全观的发展体现了马克思主义的认识论、实践论和方法论。因此，在“原理”课教学中融入总体国家安全观，不能仅停留在对其具体内容的解读上，而是要运用马克思主义的立场、观点和方法来分析解读。

1. 总体国家安全观融入“原理”课教学的基本思路

推动总体国家安全观融入“原理”课教学，首先要厘清融入的基本思路，即解答“为何融入”“融入什么”以及“如何融入”这三个基本问题。

一要明确两者之间的内在关系是融入的前提。从理论谱系来看，总体国家安全观提出的人民安全论、政治安全论、经济安全论、军事安全论、国际安全论等前沿性理论命题，为马克思主义基本原理作出了原创性贡献；从基本方法来看，总体国家安全观坚持辩证唯物主义和历史唯物主义的方法论，创新开拓了辩证思维、底线思维、系统思维、战略思维等思维方法，是坚持和运用马克思主义基本方法的典范；从理论旨趣来看，总体国家安全观的精髓就是“以人民安全为宗旨”，反映了马克思主义的人本思想，为马克思主义基本原理注入新的时代内涵和实践意蕴。

二要确定融入“原理”课的核心内容。这就需要提炼总体国家安全观中涵盖的“五大要素”和“五对关系”，“五大要素”包括

① 王红梅．总体国家安全观融入高校思想政治理论课教学的路径探索［J］．学校党建与思想教育，2018（8）：24－26．

“以人民安全为宗旨，以政治安全为根本，以经济安全为基础，以军事、文化、社会安全为保障，以促进国际安全为依托”；“五对关系”包括“既重视发展问题，又重视安全问题”“既重视外部安全，又重视内部安全”“既重视国土安全，又重视国民安全”“既重视传统安全，又重视非传统安全”“既重视自身安全，又重视共同安全”。将这些理论创新融入“原理”课，能够引导大学生深刻认识总体国家安全观的逻辑性、辩证性、科学性和创新性，促进大学生牢固树立总体国家安全观，在世界百年未有之大变局中坚定走中国特色国家安全道路，为构建人类安全共同体提供中国智慧和中国方案。

三要合理设计融入方式和衔接进路。要全面深入掌握贯穿其中的核心内容，在马克思主义基本原理的整体结构中，融入总体国家安全观的核心要义、价值旨趣和思维方法，推动总体国家安全观“核心要义”与科学社会主义“基本观点”相衔接；推动总体国家安全观“价值立场”与唯物史观“基本立场”相衔接；推动总体国家安全观“思维方法”与马克思主义哲学“基本方法”相衔接，从而实现方式的有机融入和进路的无缝衔接。

2. 总体国家安全观融入“原理”课教学的内容架构

在“原理”课的逻辑架构中融入总体国家安全观，就要讲清楚习近平总书记关于总体国家安全观的系列重要论述以及我国国家安全面临的现实问题。

一要融入国家安全的时代背景和主要问题。结合唯物史观讲清楚总体国家安全观的发展逻辑，总体国家安全观的时代背景就是世界正处在百年未有之大变局中，最明显的标志就是“大国战略博弈全面加剧，国际体系和国际秩序深度调整，人类文明发展面临的新机遇新挑战层出不穷，不确定不稳定因素明显增多”①；主要问题就是“当前国家安全内涵和外延比历史上任何时候都要丰富，时空领域比历史上任何时候都要宽广，内外因素比历史上任何时候都要复杂”②。对“时代背景”和“主要问题”的理解，既要把握我国国家安全的发展历程，也要把握马克思主义的国家安全学说，结合“辩证唯物主义”章节讲清楚“世界百年未有之大变局”中“变”与“不变”的具体表现。

二要融入总体国家安全观的重要理念和战略布局。总体国家安全观明确了“以人民安全为宗旨”“始终统筹发展和安全两件大事”“始终统筹国内和国际两个大局”等三大国家安全重要理念，明确了维护国家安全的战略布局，明确了中国特色国家安全道路，完善了国家安全体制机制，加强了国家安全能力建设，开拓了马克思主义国家安全学说的新论域、新境界。在“原理”课教学中融入总体国家安全观的理念和战略布局，就是要在马克思主义政治经济学中融入国家安全建设的理论与实践，讲清楚“以人民安全为宗旨”的国家安全新理念，强调其他领域安全都是为了“人民安全”，明确“人民安全”是国家安全的最高目标。

三要融入国家安全治理和国家安全制度建设。在“原理”课教学中融入国家安全治理和国家安全制度建设，就是融入习近平总书

① 高祖贵．世界百年未有之大变局的丰富内涵［N］．学习时报，2019－1－21(001)．

② 中共中央党史和文献研究院．习近平关于总体国家安全观论述摘编［M］．北京：中央文献出版社，2018：4．

记关于国家安全治理和国家安全制度建设的重要论述以及实践经验，结合马克思主义国家安全观讲清楚总体国家安全观的总目标和基本要求。如围绕“原理”课中“经济基础与上层建筑的矛盾运动及其规律”，在“政治上层建筑”中讲清楚“政治安全”是国家安全的根本；在“国家的职能”中讲清楚推进国家安全治理体系和治理能力现代化的制度优势；在“社会主义国家的性质”中讲清楚“意识形态安全”的极端重要性。

四要融入人类安全共同体的重要论述。围绕“原理”课教学中融入习近平总书记关于人类命运共同体的重要论述，就是要结合世界历史理论，讲清楚推动构建人类安全共同体的必然性和可能性。从马克思主义基本原理来看，构建人类命运共同体符合历史发展潮流。在“社会形态理论”“世界历史理论”“经济全球化理论”中融入“人类命运共同体”“和平发展道路”“新型国际关系”等创新理论。在“社会形态更替的前进性与曲折性”中融入世界所处的历史方位，即世界正经历百年未有之大变局，讲清楚“没有哪个国家能够独自应对人类面临的各种挑战，也没有哪个国家能够退回到自我封闭的孤岛”①，只有构建人类命运共同体，才能实现人类的共同安全。在“经济全球化及其影响”中融入习近平总书记关于共同安全、综合安全、合作安全、可持续安全、走和平发展道路等重要论述，以驳斥“中国威胁论”。

五要融入总体国家安全观的思维方式和工作方法。在“原理”课教学中，要结合辩证唯物主义融入维护国家安全的思维方法和工

① 习近平．习近平谈治国理政：第3卷［M］．北京：人民出版社，2020：46.

作方法。要融入总体国家安全观“既重视外部安全又重视内部安全、既重视国土安全又重视国民安全、既重视传统安全又重视非传统安全、既重视发展问题又重视安全问题、既重视自身安全又重视共同安全”等思维方式和工作方法。在“唯物辩证法是认识世界和改造世界的根本方法”中融入习近平总书记关于共同安全、综合安全、合作安全、可持续安全、走和平发展道路等重要论述，讲清楚中国推动全球安全治理所作出的创新性贡献。

3. 总体国家安全观融入“原理”课教学的原则方法

总体国家安全观是科学的理论体系，要有机融入“原理”课教学，应该确定融入重点，在理论体系中贯通核心要义；坚持问题导向，在守正创新中突出解疑释惑；坚持动态融入，在现实观照中强化学理阐释，明确层级逻辑，避免重复交叉。

一要确定融入重点，在理论体系中贯通核心要义。“‘原理’课教学，既重在‘理’，也难在‘理’”①，在“原理”课教学中融入总体国家安全观，关键在于融“理”，即要确定融入的重点，提炼核心要义。总体国家安全观是在世界百年未有之大变局的时代背景下形成的，必须将之置于国家安全的发展历程中加以理解。在融入过程中，首先要确定融入总体国家安全观对马克思主义国家安全学说的“原创性贡献”，这就要确立核心内容，在马克思主义基本原理的理论体系中，分层级融入总体国家安全观的时代背景、安全体系、战略部署、精神实质、体制机制等基本内容，全面阐释总体国家安

① 巩永丹．习近平新时代中国特色社会主义思想融入“原理”课教学的思路、内容与方法［J］．北京航空航天大学学报（社会科学版），2021（4）：22－27.

全观的理论贡献和时代价值。

二要坚持问题导向，在守正创新中突出解疑释惑。总体国家安全观为解决国家安全和全球治理问题提供了新方案，回答了中国和世界面临的安全问题，这些问题产生于世界百年未有之大变局的时代背景下。由此，在“原理”课教学中融入总体国家安全观，必须坚持问题导向、守正创新，以总体国家安全观化解热点焦点问题。具体来说，在全球安全层面，人类面临霸权主义、强权政治、网络安全、生物安全等威胁和挑战，总体国家安全观为解决这些问题提供了中国智慧和中国方案。在民族复兴层面，中国迎来了从站起来、富起来到强起来的伟大飞跃，但改革发展稳定任务艰巨繁重，如何坚持走中国特色的国家安全道路，总体国家安全观也给出了系统解答。因此，在“原理”课教学中融入总体国家安全观，就是要在守正创新中解疑释惑，努力绘就中国安全和全球安全的“全景图”，让大学生在唯物史观所揭示的历史规律中把握国家安全的发展规律。

三要坚持动态融入，在现实观照中强化学理阐释。从核心要义和逻辑体系看，总体国家安全观是“六个顶层设计思路”“五个既重视又重视”“十六个安全”和“四个国际安全理念”的有机体，内涵丰富、逻辑严密、体系完整。但从历史维度和未来指向看，总体国家安全观又是开放的、发展的体系，会随着安全形势不断丰富和拓展，产生新的内容。为此，在“原理”课教学中融入总体国家安全观，不能机械地将各个模块融入“原理”课的各个知识点，而是要坚持动态融入、强化热点、突出重点、讲求实效。具体来说，就是要及时融入习近平总书记关于国家安全的最新重要论述，在现实观照中强化学理阐释。如在疫情防控常态化下，应在“原理”课教学中增强以唯物史观解读生物安全的问题，强调疫情防控要打“人民战争”的观点，深化大学生对重大传染病发展规律的认识，自觉遵守疫情防控纪律。

（三）总体国家安全观融入“毛中特”课

“毛泽东思想和中国特色社会主义理论体系概论”课简称“毛中特”课。从“毛中特”课的角度来看，国家安全理论是随着中国革命、建设、改革、复兴的不断深入和发展而不断得到丰富和完善的。因此，在“毛中特”课中融入总体国家安全观，要从理论逻辑的角度来阐明总体国家安全观的发展历程，从中国特色社会主义总体布局的角度来阐明总体国家安全观的整体意义。

（1）总体国家安全观融入“毛中特”课教学的时代价值。总体国家安全观本身就是“毛中特”课教学的重要内容，在“毛中特”教材中以独立的专节呈现，但从教学内容和教材结构体系来看，总体国家安全观主要蕴含在第三大板块，即“习近平新时代中国特色社会主义思想”。但深度“融入”的内涵又不应仅限于教材结构安排，而应体现于教学的全过程。这是思政课落实立德树人根本任务、打造“毛中特”“金课”和弥补大学生国家安全意识淡薄的必然要求。

一是思政课落实立德树人根本任务的必然要求。“毛中特”课是思政课的关键课程，肩负着落实立德树人根本任务的重要使命。将总体国家安全观融入“毛中特”课教学，有助于引导大学生深刻理解总体国家安全观的发展进程、丰富内涵和精神实质。在“毛中特”课教学中，思政课教师要深入到历史的“具体实践”中，引领学生深入思考为什么要坚持总体国家安全观。如通过对我国疫情防控取得重大胜利的原因分析，让学生深刻领悟“靠的是党的坚强领导”的深刻意涵。只有将中国共产党在革命、建设、改革、复兴各阶段对国家安全的坚决维护讲清楚，学生才能真正了解“我们并非生活在一个和平的年代，只是生活在一个和平的国家”所包含的历史意义和时代价值，进而引导学生在对现实问题的深入分析和深刻理解中坚定“四个自信”。

二是打造“毛中特”“金课”的必然要求。从《新时代学校思想政治理论课改革创新实施方案》对“毛中特”课教学内容的要求①来看，这门课程对理论、政策、历史、实践的教学要求极高，需要通过对教学理念、教学内容、教学方式的创新来提升课程的实效性和感染力。因此，只有坚持问题导向，将总体国家安全观作为教学的重点内容，全面、系统、深度地融入“毛中特”课教学全过程，引导学生进入基于理论探究和实践应用的自主学习过程中，才能实现“毛中特”的“金课”目标。如在讲授“奋力实现中国梦”专题时，不但要系统讲授中国人民为实现中华民族伟大复兴而进行的艰辛探索和不懈奋斗，还要带领学生深入学习和领会习近平总书记《在庆祝中国共产党成立100周年大会上的讲话》精神，引导学生结合中华民族伟大复兴的历史进程，在文献阅读中独立思考才能将知识要点融会贯通，深化对总体国家安全观的理解和认识，由此，“毛中特”“金课”的高阶性、创新性和挑战度要求才能得以体现，培

① 中共中央宣传部，教育部．关于印发《新时代学校思想政治理论课改革创新实施方案》的通知［J］．中华人民共和国国务院公报，2021（9）：75－80.

育质量也随之提升。

三是弥补大学生国家安全意识欠缺的必然要求。要维护国家安全，必须不断增强国民的国家安全意识。当前，“国家安全的内涵和外延比历史上任何时候都更丰富，时空领域比历史上任何时候都更宽广，内外因素比历史上任何时候都更复杂”①。特别是在网络化信息化背景下，意识形态领域面临着前所未有的挑战。而大学生的思想辨别力还不够成熟，他们的国家安全意识还有所欠缺。近年来发生的多起大学生通过网络渠道泄露国家机密事件，暴露出大学生国家安全意识的薄弱和欠缺。因此，必须深化大学生的总体国家安全观培育，探索多元化的国家安全教育教学形式，将总体国家安全观融入高校思政课，是高校思政课迫在眉睫的任务。“毛中特”课和总体国家安全观在内容和价值上最具契合度，深度融入“毛中特”课教学必然取得良好效果。

（2）创新总体国家安全观融入“毛中特”课教学的内容。“毛中特”课是思政课中历史与现实、理论与实践、世情与国情交织最为紧密、最为复杂的课程。因此，在将总体国家安全观融入“毛中特”课教学的过程中，要“引导学生‘触摸’到真实、复杂的教学内容的广度、深度和温度，力争通过师生配合的教学内容创新探索将‘教师所讲’与‘学生所得’有机衔接”②。

一要在历史与现实交织中引导学生尚“情怀”。“毛中特”课与

---

① 习近平. 在中央国家安全委员会第一次会议上的讲话［N］. 人民日报，2014-4-16（001）.

② 徐宏潇. 习近平新时代中国特色社会主义思想融入“概论”课教学的价值与路径［J］. 北京航空航天大学学报（社会科学版），2021（4）：17-21.

其他几门思政课程相比，既要讲理论，又要讲“情怀”，而且是在历史文献和实践探索中讲“情怀”。以“疫情防控”专题为例，教师不仅要在线上为学生提供与专题相关的视频资源和背景资料，而且还要在线下的理论讲授中为学生提供权威的文献支撑和清晰的学理阐述，引导学生通过立体化途径获取专题学习的相关知识，并完成学习报告作业，深化对理论的理解，帮助学生深刻理解总体国家安全观“以人民安全为宗旨”的理念，从我国疫情防控的生动实践中体悟“人民情怀”“家国情怀”。

二要在理论与实践交织中引导学生求“创新”。总体国家安全观融入“毛中特”课要讲清楚其中的理论逻辑、历史逻辑与实践逻辑。为此，应在师生之间对教学内容进行合理分解。教师在课上讲清楚“逻辑框架”和“体系结构”，并布置具有讨论价值的研究题目；学生则在课下运用已学理论和方法，开展创新性的问题研究。如在讲解“推动建立新型国际关系”专题时，教师要讲清楚我国在推动建立新型国际关系方面的基本主张和具体行动，并布置“中国倡导的新型国际关系和西方主导的国际关系有何区别”“大学生在推动构建新型国际关系中如何有所作为”等课下研究题目，引导学生运用辩证思维、历史思维、实践思维等进行深入探讨，增强维护国家安全的意识和能力。

三要在世情与国情交织中引导学生悟“方法”。“毛中特”课需要讲清楚总体国家安全观的时代定位，这就需要讲清楚世情与国情相互交织的深刻变化。教师要将比较视野、国际视野融入“毛中特”课的国情教学之中，引导学生以更广阔的眼光审视国家安全问题；学生要学会运用多种研究方法、从多个角度来分析与解决国家安全问题。例如，在讲解“坚持独立自主和平外交政策”专题时，教师要重点讲清楚维护国家主权、安全和发展利益的时代背景、内在关系、理论架构等，既讲清楚国内背景，又讲清楚国际背景，同时，通过布置“如何有效维护国家的主权、安全和发展利益”“大学生维护网络安全的途径和方法是什么”等研究性题目，引导学生提升维护国家安全的能力和水平。

（3）创新总体国家安全观融入“毛中特”课教学的形式。“教学内容与教学形式互为表里，‘毛中特’课教学内容的创新要以教学形式的创新为依托”①。“深度学习体现为学生致力于运用多样化的学习策略，如广泛阅读、交流互动等，以达到对知识的深层理解”②。将总体国家安全观融入“毛中特”课教学中，要不断创新教学形式，引导学生进入深度学习，才能不断提升学生的思想政治素质、理论创新能力和实践创新能力。

一要“线上”与“线下”相互配合。线下教学重点关注学生所想、解答学生所惑，线上重在交流互动与情感沟通，随时帮助学生解疑释惑。在学生的学习成果展示之前，教师要通过多种网络终端给予学生充分指导，录制国家安全教育的相关文献视频资料，为学生课下自主学习提供指导。同时，根据教学热点和学生关注点，录制“中国为什么能够有效防控疫情”等线上选修视频资料，帮助学生深化对课上学习内容的理解。

---

① 徐宏潇．习近平新时代中国特色社会主义思想融入“概论”课教学的价值与路径［J］．北京航空航天大学学报（社会科学版），2021（4）：17－21．

② 曾明星，李桂平，周清平，等．从 MOOC 到 SPOC：一种深度学习模式建构［J］．中国电化教育，2015（11）：28－34．

二要“认知”与“探索”有机融合。总体国家安全观融入“毛中特”课教学不能仅限于课堂的理论讲授，还要结合专题教学开展实践性教学，创新推动认知与探索相结合的教学模式，将社会实践纳入课程教学当中。通过指导学生利用假期开展以国家安全为主题的社会调研并形成调研报告，在理论教学阶段，教师要结合调研报告回应学生对国家安全问题的关注点和疑惑点，帮助学生掌握处理问题的理论和方法，鼓励学生深入理解社情民意，以实际行动维护国家总体安全。

三要“讲授”与“研讨”协调互动。总体国家安全观融入“毛中特”课教学，需要深度学习才能真正取得实效。为此，教师要围绕授课专题，提炼并选择包含国家安全的知识点作为学生课下研学的重点，引导学生进行课前探究并形成研究成果，然后通过课堂教学展示研究成果，在师生研讨中解疑释惑。例如，虽然中国的疫情防控取得了重大胜利，但是仍然有部分西方媒体和学者质疑中国的疫情防控措施和效果，对此，教师可以将“中国的疫情防控的措施和效果”作为研学题目，指导和帮助学生深入理解我国疫情防控的措施和成效，这样的互动教学模式，有利于培养学生的思辨能力、团队合作能力以及创新思维能力等，引导学生进入总体国家安全观的深度学习之中。

（四）总体国家安全观融入“纲要”课

“中国近现代史纲要”课简称“纲要”课。这门课程主要讲授的是“近现代以来中国各阶层如何抵御外来侵略、争取民族独立、推翻反动统治，实现人民解放、国家独立和发展的历史”① 等具体内容。而这些内容又与国家安全息息相关，因此，在“纲要”课教学中融入总体国家安全观，就要从历史的角度阐明国家安全的历史教训和战略意义，即通过对历史和事实的解读，使学生深刻领会“落后就要挨打”“国破就要家亡”的道理，不断增强居安思危的忧患意识，从而树立和践行总体国家安全观。

（1）融入“纲要”课的可行性。“纲要”课具有历史性、理论性和政治性的特征。基于此，在教学过程中不能仅限于对中国近现代历史的平面化解读，而应在对历史的立体化阐释中培养学生的忧患意识、底线思维和战略眼光等。其中，忧患意识、底线思维和战略眼光正是国家安全教育的重要内容，强化忧患意识是大学生总体国家安全观培育的内在要求。从“纲要”课的历史性来看，课程要重点讲授“鸦片战争以来中华民族反对外族侵略的屈辱史、抗争史，以及中国共产党领导下的革命史、建设史和改革史”②，目的是教育引导学生以史为镜、居安思危，不断强化忧患意识。从“纲要”课的理论性来看，课程重点要引导学生如何以唯物史观来认识近现代中国的社会发展和革命发展的内在规律，以提高学生的底线思维和辩证思维能力。从“纲要”课的政治性来看，该课程旨在引导学生如何从历史发展中汲取智慧和力量，及时回应时代要求和给予现实关怀，在继承和反思中保持头脑清醒，树立长远眼光，勇担时代重

① 王红梅．总体国家安全观融入高校思想政治理论课教学的路径探索［J］．学校党建与思想教育，2018（8）：24－26．

② 牛婧．忧患意识教育融入高校思想政治理论课教学研究——以“中国近现代史纲要”课为例［J］．北京教育（德育），2021（5）：63－67．

任。在“纲要”课中融入总体国家安全观，重点在于培育大学生的忧患意识，要把忧患意识培育贯穿于“纲要”课的教学全过程。

（2）融入“纲要”课教学的着力点。一是在不忘国耻教育中融入。近代史是一部屈辱史，由于当时制度腐朽和经济落后，中国屡遭帝国主义入侵践踏，中华民族饱受屈辱。在不忘国耻教育中融入总体国家安全观教育，就是让大学生铭记“落后就要挨打”的历史教训，从而不断增强忧患意识，知耻而后勇，不让屈辱的历史再次重演。二是在斗争史教育中融入。近代史也是一部救亡图存的斗争史，面对外敌侵略，中国人民奋起反抗，进行不屈不挠的反侵略斗争，最终赢得了民族独立和人民解放。在斗争史教育中融入总体国家安全观教育，目的是增强大学生的民族忧患意识和斗争精神，使大学生在错综复杂的外部环境中保持清醒头脑，发扬民族斗争精神。三是在探索史教育中融入。在国家面临危亡时刻，大批仁人志士怀着强烈的忧患意识和变革精神，在中国共产党的坚强领导下，找到救亡图存的道路并进行了艰苦卓绝的斗争，建立了中华人民共和国。在探索史教育中融入总体国家安全观教育，就是要引导大学生感悟先辈的忧患意识和家国情怀，居安思危，坚定理想信念，强化使命担当，把实现人生理想之“小我”融入实现中华民族伟大复兴之“大我”的实践中。

（3）融入“纲要”课教学的基本思路。如前所述，总体国家安全观融入“纲要”课教学，重点在于融入“忧患意识”内容，以增强大学生的忧患意识为主线。首先要讲清忧患意识的内涵。“忧患意识是历史主体在对现实社会各种现象进行理性判断的基础上，在社会发展的转折时期或关键时期所表现出的清醒的防范和预警意识，是由强烈的社会责任感和历史使命感支撑的力求突破艰险而达宏愿的心理状态"①。在"纲要"课教学中，通过对近代以来中华民族饱经忧患沧桑的历史解读，以史为鉴引导大学生深刻理解居安思危的重要意义，在忧患中保持乐观心态，在危机中保持清醒头脑，在变局中唤醒责任意识，才能找到突破困境的途径和方法。其次，要讲清忧患意识的逻辑关系。忧患意识包括对个人利益得失的忧患意识和对国家前途命运的忧患意识，在"纲要"课教学中，通过对近代以来中华民族屈辱史、抗争史和探索史的系统讲解，引导大学生深刻认识个人前途与国家命运是休戚与共的关系，没有国家的安全稳定，就没有个人的幸福生活，从而摒弃狭隘的个人忧患意识，树立科学的国家忧患意识，自觉将个人对自身利益的思考升华为对国家前途命运的关注，并积极参与到维护国家安全的具体行动中。

（4）融入"纲要"课教学的路径方法。一是挖掘"纲要"课内容中蕴含的忧国忧民情怀。"中华文明绵延数千年，有其独特的价值体系"②，中国近代以来虽然饱受沧桑，但在中国共产党的领导下，实现了民族独立和人民解放，走上了国家富强、民族复兴、人民幸福的康庄大道，很重要的原因就是继承和弘扬了中华文明的忧患意识这个优良传统。在"纲要"课教学中，要善于挖掘和融入"安危""治乱""存亡"等朴素而深刻的"忧乐"思想，可以培育大学生的忧国忧民情怀，增强他们的忧患意识。二是拓展教育学途径。

---

① 唐蓉. 民族自信意识与忧患意识的内在逻辑及平衡共进［J］. 学校党建与思想教育. 2021（16）：8－10.

② 习近平总书记系列重要讲话读本：创造中华文化新的辉煌——关于建设社会主义文化强国［N］. 人民日报，2014－7－9（015）.

在发挥课堂教学培育忧患意识的主渠道作用之外，安排适当的“纲要”课实践教学，通过设计以增强“忧患意识”为主题的实践活动课，深化大学生对忧国忧民家国情怀的认识和理解，提高他们忧国忧民的思想觉悟，增强他们消忧弭患的行动力。三是创新教学方法。结合“纲要”课的教学内容和教学目标，利用 VR 技术、短视频、专题网站等向学生展示和宣传居安思危的忧患意识和家国情怀，在丰富理论教学内容的同时，以新颖时尚的教学方式引导学生关注历史和现实，在潜移默化中增强忧患意识、厚植家国情怀，自觉将个人梦与中国梦紧密结合，在实现中华民族伟大复兴的生动实践中贡献青春力量。

（五）总体国家安全观融入“思德法”课

“思想道德与法治”课简称“思德法”课。从课程名称可以看出，这门课重在提高大学生的思想道德素质和法治素养。基于此，总体国家安全观融入“思德法”课，要“从价值引领和行为要求上践行总体国家安全观”①。总体国家安全观融入“思德法”课教学的重点是融入国家安全的法律法规，使学生在国家安全法律法规的学习中提高思想道德素质，在以国家安全法律法规的行为规范中，增强国家安全的法治理念和法治思维。

（1）国家安全法律法规融入“思德法”课的价值意蕴。国家安全法律法规是我国法律体系的重要组成部分，在“思德法”课教学

① 王红梅．总体国家安全观融入高校思想政治理论课教学的路径探索［J］．学校党建与思想教育，2018（8）：24－26.

中融入国家安全法律法规，既是高校思想政治工作的客观要求，也是大学生成长成才的内在需要。从客观要求来看，“高校思想政治工作关系高校培养什么样的人、如何培养人以及为谁培养人这个根本问题，要坚持把立德树人作为中心环节，把思想政治工作贯穿教育教学全过程”①。“思德法”课是落实立德树人根本任务的核心课程，既包括培养大学生的思想道德素质，也包括提高大学生的法治素养，而国家安全法律法规就是培育法治素养不可或缺的重要载体，融入其中，不仅可以丰富法治素养的培育内容，也能够拓展法治素养的培育途径。从内在需要来看，法治是现代国家人们共同生活的基本方式，如果大学生欠缺国家安全的法律知识，就无法在今后的工作生活中运用法律武器来维护国家安全和维护自身合法权益，更容易因为“过失无知”而作出危害国家安全的行为。可见，将国家安全法律法规融入“思德法”课的教学过程，是提高大学生国家安全法治素养的有效途径，更是大学生成长成才的内在需要。

（2）国家安全法律法规融入“思德法”课的关键点。在融入理念上，要注重国家安全法治素养的培育。国家安全法律法规是维护和保障国家安全的底线和红线。总体国家安全观是动态发展的过程，相关法律法规也不断完善，如新冠疫情的出现，《中华人民共和国生物安全法》也随之制定颁布实施，有效地确保了人民安全。这就要求思政课教师转变教育理念，并及时更新法律知识体系，从传统的“法律教育”向“法治教育”转变，注重培养大学生的“法治素

① 习近平．把思想政治工作贯穿教育教学全过程　开创我国高等教育事业发展新局面［N］．人民日报，2016－12－9（001）．

养”。在融入方法上，要注重课堂教学与实践教学并行。国家安全的相关法律法规大都是近年来新出台的，从法律文本来看，具有鲜明的时代性和实践性特征，如果仅在课堂讲授中融入，就会脱离实际，也影响融入效果。通过实践教学融入也符合“思德法”课的时代性和实践性特征。如可以通过组织学生开展国家安全法律法规的宣传、调研等活动，增强学生对国家安全法律法规的感性认识。在融入途径上，要注重显性途径与隐性途径的有机结合。尽管“思德法”课的课堂教学是国家安全法律法规教育的主要途径，但毕竟时间有限，因此，除了在有限的课堂教学中强化国家安全法律法规基础知识传授以外，还要充分借助新媒体新技术优势，开辟更多的国家安全法律法规教育形式，如通过网络媒体平台开展国家安全法律法规知识竞赛、国家安全法律法规网络宣传等，以拓展隐性课堂的空间，促进学生国家安全法治素养的养成。

（3）将国家安全法律法规融入“思德法”课的课堂教学。2021年新修订的《思想道德与法治》第六章以“学习法治思想，提升法治素养”为内容，涵盖了法治理论、法治体系、法治道路、法治思维、法治素养等多个方面，具有科学性、时代性和系统性，为开展“国家安全法律法规教育”提供了重要基础和平台。在课堂教学过程中，首先应将国家安全法律法规作为教学的重点，明确在每节内容中要融入的知识点，备课中对融入的形式、方法和占用的时间都要有具体可行的规划，使融入后的教学内容更具完整性和系统性。其次，要根据教材内容、大纲要求及授课需要构建“国家安全法律法规”教学模块，使融入后的“思德法”课程体系更加丰富和充盈。最后，在教学方法上，要做到理论讲解与案例分析相结合。对国家安全法律法规的有关条文和规定的讲解，要把理论讲授、案例分析、讨论质疑等多种形式有机结合起来，尤其要通过案例教学，以案说法、以法解案、法案结合，鼓励学生积极参与和深入思考，才能取得良好的教学效果。还要以新媒体新技术为载体，运用多种方式将枯燥的国家安全法治理论“激活”，使学生更深刻地理解国家安全法律法规的法治理念。

（4）将国家安全法律法规融入“思德法”课的实践教学。“思德法”课是最适合开展实践教学的课程，实践教学也是高校思政课教学的内在规定。“充分发挥实践课的作用，增加学生的实践体验，是加深学生对理论课内容理解和运用的有效途径”①。由于“思德法”课是安排在大一阶段授课，大学新生对国家安全法律法规还没有深刻的认识，而法律法规又具有高度的抽象性，融入“思德法”课教学，必然增加学习的难度，但实践课正好能够弥补这两者之间的落差。因此，教师对实践课的设计显得非常重要，直接关系到国家安全法律法规融入的效果和质量。如：围绕国家安全法律法规的热点焦点难点问题，通过辩论、专题讨论等形式，引导学生进行共同探讨、相互启发；围绕国家安全的某部法律法规，组织学生深入行业企业、中小学校、农村基层等进行国家安全法律法规宣传教育；或者指导学生根据选题对国家安全法律法规的贯彻情况和执行效果进行社会调研或网络调查。这些实践教学形式能够激发学生的积极性、主动性，使学生在实践感知中深化对国家安全法律法规知识的

---

① 杜艳艳．习近平全面依法治国新理念融入高校思政课的路径探析［J］．学校党建与思想教育，2018（9）：63－65.

理性思考。

（六）总体国家安全观融入“形势与政策”课

“形势与政策”课是在结合国内外政治、经济、军事、外交以及国内外热点事件的基础上，阐明我国政府的基本原则、基本立场与应对政策的专门课程，具有理论武装时效性、释疑解惑针对性、教育引导综合性等特征。因此，总体国家安全观融入思政“形势与政策”课，要结合当前的重大安全问题，重点讲授坚持和发展总体国家安全观的生动实践和理论探索，引导学生正确认识国家安全形势。意识形态安全是国家安全的重要领域，进入网络时代，网络已是意识形态安全的主战场，网络意识形态安全自然成为国家安全教育的主要内容，那么，总体国家安全观融入“形势与政策”课的侧重点，就是融入网络意识形态安全教育。

（1）总体国家安全观融入“形势与政策”课的侧重点。网络意识形态安全是国家安全的主要内容，关乎政治安全、政权安全和社会安全等领域。我们党历来高度重视网络意识形态安全，把网络意识形态安全上升到国家安全的重要战略地位，2016 年出台了《中华人民共和国网络安全法》，把落实网络意识形态安全作为各级党委政府的政治任务，确保牢牢把握网络意识形态安全的主导权。从教学环境来看，网络时代已使大学生无人不网、无时不网，高校应结合网络时代的特征和学生的网络生活规律，在“形势与政策”课教学中有机融入网络意识形态安全教育。从“形势与政策”课的教学内容来看，在融入“形势与政策”课教学的过程中，要侧重运用国家安全理论来武装学生的头脑，解决学生对国家安全理解上存在的困惑问题，教育引导学生树立正确的总体国家安全观。从教学要求来看，大学生主要是通过网络来了解国际国内的政治、经济、军事、外交等领域的发展动态，高校应针对这些领域出现的安全热点问题进行解读和分析。

（2）总体国家安全观融入“形势与政策”课的内容设计。教育部每学期印发的《高校“形势与政策”课教学要点》都有涉及网络意识形态安全教育的主题。因此，在融入“形势与政策”课教学时，应该选择大学生最为关注的国家安全话题，而无须面面俱到。

一是利用网络热点传播主流意识形态。由于网络的热点话题与事件关注度高，且涉及现实生活和社会问题，这就需要利用网络热点来传播主流意识形态，让主流意识形态真正占据主流地位，确保网络意识形态的安全，保持课程的生命力。

二是注重运用网上关于国家安全的素材和案例。如：新冠肺炎疫情问题，不仅涉及生物安全问题，更涉及意识形态安全问题，在新冠肺炎疫情发生之初，网上各种观点混杂交织，信息真假难辨，这就需要教师在“形势与政策”课堂上及时回应国内外别有用心之人关于疫情的错误论调，“用事实和真情讲好以医护人员为典型代表、各行各业同心战‘疫’的感人故事，带领学生深刻领会中国共产党领导和我国社会主义制度的显著优势，感受中国人民和中华民族的伟大力量、中华文明的深厚底蕴和中国作为负责任大国的自觉担当”①。帮助学生解疑释惑，使他们将主流意识形态内化于心、外

---

① 王京清．充分展现中国负责任大国的自觉担当［EB/OL］．新华网，2020－9－24.

化于行，提升教学的针对性和实效性。

三是注重把握好网络热点的主要内容。在实际教学中，要用具体事例、丰富情感、深刻思考与学生进行观点上的碰撞，以激发学生的学习兴趣，使他们在丰富鲜活的社会生活场景中主动学习和感悟课堂的结论，实现政治性与价值性的有效传达。如个别人为了成为“网红”“大V”，通过庸俗、恶俗的手段吸引网络关注，为“博出位”不择手段，毫无底线等等，这些给主流意识形态安全和学生正确价值观的形成都带来了严重影响。同时，“西方反华势力将网络视为对我意识形态斗争和‘颜色革命’低成本、高效率的战场，想尽办法在网络上发声，通过歪曲、恶搞等手段不断抛出历史虚无主义等错误言论，‘黑英雄’和‘黑历史’现象频发，网络空间意识形态话语权斗争日趋激烈”①，使意识形态安全面临严峻挑战。面对这些问题，急需思政课教师在“形势与政策”课教学中予以回应和驳斥，鲜明地亮出正确观点，毫不留情地戳穿所谓“大V”“公知”的丑陋嘴脸；直接揭露和批判历史虚无主义、新自由主义、“普世价值”等错误思潮，帮助大学生站在马克思主义立场上看清网络热点，并善于融入网络安全的法律法规，引导学生自觉规范网络行为，确保网络意识形态的安全。

（3）总体国家安全观融入“形势与政策”课的教学方法。网络时代不仅催生了独具特色的网络语言，而且也给现实的教学语言带来了有益借鉴。首先教学语言必须生动形象。因为网络意识形态安

① 李静妍，张恒．高校网络意识形态安全体系构建与管理［J］．吉林化工学院学报，2019，36（10）：60－63．

全教育主要是利用网络上的具体事件来进行解读分析，引导学生讨论和思考问题，这就需要教师避免空洞的灌输和说教，这样才能引起学生的情感共鸣，激发学生的学习兴趣。教师要结合教学主题实际和学生的内在需要，选择相关的意识形态安全典型案例，确保教学内容“接地气”，教学案例“听得懂”，道理分析“有共鸣”，使意识形态安全教育转化为学生的成长需要，让学生有更强的“参与感”，才能实现“形势与政策”课的意识形态教育功能。其次，教师要秉持平等对话的原则。用网络话语拉近师生的交流距离，如在分析网络热点时，要注重和学生的思想互动和情感互动，多从学生的角度出发考虑问题，这样才能让学生乐于接受，进而理解和信服。教师要学会运用大众化的语言和通俗易懂的方式，将晦涩难懂的理论以最具实用性和认可度的方式传递给学生。最后，教师要引导学生积极参与探讨。教师要敢于让学生在课堂上发表观点，甚至和学生进行充分的辩论，在和学生交流探讨过程中，应尽量引用网评话语表达观点，避免让自己站在学生的对立面，让学生产生防备心理。“网评中的很多‘段子’都极富创造力和感染力，既言简意赅，又生动形象，将其融入教学话语来讲述理论问题，会达到事半功倍的效果”①。

三、在学科专业课程中融入总体国家安全观

总体国家安全观融入学科专业课程，是构建“三全育人”体系

---

① 吴毅. 网络意识形态安全教育融入“形势与政策”课探讨［J］. 航海教育研究，2021（1）：97－100.

的重要手段，是“课程思政”的内在要求。在融入学科专业课程教学时，要结合各学科专业课程的内容特点、教学要求和学生特点，围绕总体国家安全观主题，重点融入总体国家安全观的核心要义、理论品格、实践方法等内容。运用理论与实践、历史与现实相结合的方法，引导学生在各学科专业课程学习中，深化对总体国家安全观的理解和认同，并主动践行总体国家安全观。

（一）在哲学社会科学课程中融入总体国家安全观

在哲学类课程教学中，要讲清楚总体国家安全观蕴含的马克思主义世界观和方法论，以及体现出来的唯物主义，深入阐释习近平总书记关于总体国家安全观要坚持系统思维、底线思维、整体思维、辩证思维等方面的重要论述，使学生认识并掌握总体国家安全观的思想方法和工作方法。在经济学类课程教学中，要重点阐释新发展阶段保障我国经济安全的重要意义，了解当前我国经济领域面临的威胁与挑战，并学会维护国家经济安全的途径和方法。在法学类课程教学中，要系统阐释国家安全的相关法律法规，使学生严格遵守国家安全法律法规，并懂得运用国家安全法律法规来维护国家和自身的安全。在管理学和社会学类课程教学中，要讲清楚我国社会安全领域面临的威胁和挑战，使学生学会识别社会安全的风险点，并学会维护社会安全稳定的途径和方法。在教育学类课程教学中，要讲清楚教育领域同样存在安全风险，如近年来出现的校外教育培训机构被资本控制，威胁到人才培养的根基，进而让学生学会如何维护教育领域的安全。在历史学、文学、艺术学类课程教学中，要结合文化领域特点，系统阐述我国文化面临的安全威胁，使学生科学掌握维护文化安全的途径和方法，自觉维护文化安全，不断增强文化自信。

（二）在其他课程中融入总体国家安全观

在军事学类课程教学中，要结合军事安全系统阐释习近平总书记的强军思想，讲清楚习近平总书记强军思想的地位作用、核心要义和指导作用等。帮助学生深刻认识我国军事安全的重要性，自觉维护我国的军事安全。在农学类课程教学中，要系统阐释我国生态安全、粮食安全的重要性，生态安全、粮食安全面临的威胁与挑战，以及维护生态安全、粮食安全的途径和方法，使学生主动维护生态安全和粮食安全。在理学、工学、医学类课程教学中，要结合学科专业特点，阐释人民至上、生命至上的思想理念，培养学生维护人民安全的方式方法。除了在各学科专业课程教学中融入总体国家安全观，还应努力挖掘各学科专业课程本身蕴含的国家安全基因元素，只有这样才能实现内外互动、有机融合，共同塑造大学生的总体国家安全观。

第二节　在校园文化建设中培育总体国家安全观

习近平总书记指出："做好高校思想政治工作，要更加注重以文化人以文育人，广泛开展文明校园创建，开展形式多样、健康向上、格调高雅的校园文化活动”①。校园文化是培育大学生总体国家安全观的“第二课堂”。这是因为高等学校的校园是大学生学习生活的主要场域，校园文化是直接影响大学生成长成才的重要环境，对大学生的思想品德、身心健康、行为规范等具有潜移默化的作用。由此可见，校园文化建设是文化育人的重要内容，也是培育大学生总体国家安全观的重要途径。总体国家安全观融入校园文化建设，可以为校园文化建设提供强劲的精神动力，而校园文化建设又为总体国家安全观培育提供优良的人文环境，两者的深度融合是以文育人、以文化人的重要途径。

一、高校校园文化的基本类型及其关系

厘定校园文化类型是校园文化建设的前提，也是总体国家安全观融入校园文化建设的重要基础和条件。“广义的校园文化是指高等学校生活的存在方式的总和”②。具体来说，高校校园文化主要包括物质文化、精神文化和制度文化等三大类。高校校园文化“是在长期实践中形成的具有动态性、传承性、时代性的文化系统，是办学理念、教育特色、文化氛围的集中展现和学生成长成才的人文土壤”③。

高校校园物质文化“是高校校园文化的物质基础与外在展现，是高校按照办学目的与教学需要建设的以校园建筑和校园景观为主

---

① 习近平．把思想政治工作贯穿教育教学全过程开创我国高等教育事业发展新局面——在全国高校思想政治工作会议上的重要讲话［J］．人民日报，2016－12－9（001）．

② 潘懋元．新编高等教育学［M］．北京：北京师范大学出版社，2009：530．

③ 徐晓宁．论高校思想政治教育与校园文化建设的深度融合［J］．中国高等教育，2020（12）：37－39．

来表现本校风格的静态文化”①。校园物质文化具有物化性、承载性和规划性等特征，其建设水平直接反映校园文化的建设程度，并从德育和美育两方面来感化学生。高校校园精神文化是“高校师生员工在长期的办学实践中广泛认同的人文精神、价值观念、理想信念、校风等为主要内容的精神文化体系，其基本组成部分包括办学理念、人文精神、文化传统、学校的校训、校风和学风等”②。校园精神文化在学生的思想品德和行为习惯养成中具有决定性作用。可以说，校园精神文化是大学的灵魂，是大学文化建设的核心内容。高校校园制度文化“是校园精神文化的产物，是校园物质文化的工具，是国家根据社会对高校发展的客观要求以及高校根据其自身的办学理念、办学规律和实际需要制定的，以条文形式存在的，要求其成员共同遵守的行为规范的文化形式”③。校园制度文化对学生的道德行为、价值标准进行导向、调控和约束，是高校校园文化建设的依托和保障。

与此相对应的是，高校校园文化建设的主要任务包括物质文化建设、精神文化建设和制度文化建设。在高校校园文化建设中，精神文化是目的，物质文化是载体，制度文化是保障，三者之间互相促进、协调发展，共同发挥文化育人作用。从国家安全的角度来看，校园文化归属于文化安全领域，这就要求高校必须站在文化安全的高度，通过建设向上向善的校园文化，以增强学生的文化自信。从

---

① 吴兴富．和谐校园构建论［M］．南京：东南大学出版社，2010：102.
② 王思名．校园文化与大学生品格发展［M］．石家庄：河北教育出版社，2013：46.
③ 刘德宇．高校校园文化发展论［M］．青岛：中国海洋大学出版社，2004：202.

某种程度上来看，文化自信是文化安全的“底气”。高校要以社会主义核心价值观为引领，不断加强校园文化建设，增强校园文化自信，推动维护国家文化安全。

二、总体国家安全观融入校园物质文化建设

校园物质文化是校内物质范围的文化层，在为校园文化提供现实载体的同时，本身也展现出浓厚的文化气息，成为环境育人的重要基础。如前所述，国家文化安全是总体国家安全观的重要领域，维护文化安全要以增强文化自信为基础，而要增强大学生的文化自信，首先要以他们对校园文化的自信为前提。从校园物质文化建设层面来看，作为校园文化的物质载体，如何通过校园的物质文化建设来展现校园文化特色，值得高校深入思考。

如前所述，增强文化自信是维护文化安全乃至维护国家总体安全的思想基础。培育大学生的文化自信必须以社会主义核心价值观为引领，不断增强他们对优秀传统文化、革命文化和社会主义先进文化的认同与践行。曾几何时，很多高校为了追求所谓的国际化，在校园物质文化建设过程中，喜欢崇洋媚外。比如在实体建筑的风格上追求欧式、美式等，在建筑物的命名上也是以取洋名字为荣，把中国几千年流传下来的优秀建筑风格和文化抛之脑后，但不见得因此就实现了国际化，反而不洋不土，毫无特色可言，敢问这怎么能够承载和发挥校园物质文化的育人功能？对自己国家的文化都不自信，怎么维护国家的文化安全？

因此，高校要在校园物质文化建设层面赋予更多的文化自信展示，让校园的物质实体承载更多的中国文化元素，使学生在“润物

细无声”中牢固树立文化自信，并在实践中上升为自觉维护国家文化安全的行动。在校园物质文化建设过程中融入总体国家安全观，要以能够增强学生的文化自信为旨归。从大处着眼，建筑物的风格应融入中国元素，体现中国文化特色；从小处着手，校园公共场所的细节设计也应体现中国风格、地方特色等，使学生在耳濡目染中树立文化自信，何来担心他们崇洋媚外？强大的中国文化自信，必然助推大学生坚决维护中国的文化安全。

三、总体国家安全观融入校园精神文化建设

校园精神文化是高层次的校园文化，在无形中于无声处深刻影响着每个师生的思想品德、价值取向和行为准则，可以说校园精神文化是最深沉、最有效的校园文化类型。校园精神文化是培养时代新人的催化剂，校园精神文化建设的落脚点就是大学精神的凝练。总体国家安全观融入校园精神文化建设，要紧紧围绕社会主义核心价值观，凝练出具有中国文化特色的大学精神，使学生在大学精神的引领浸染下树立文化自信，不断增强做中国人的骨气、志气和底气，主动维护国家安全特别是文化安全。

当前，部分高校的校园精神文化建设存在短板，主要表现在以下几个方面：一是重物质享受，轻精神追求。在网络消费日趋流行的当下，攀比之风、奢靡之风在大学校园里日益突出，容易导致大学生迷失方向，进而价值观扭曲、追求功利化，为满足私欲而作出危害国家安全的案例不在少数。二是学习氛围不浓。主要表现为学习动力不足、学习目标不明、学习态度不端正等，也容易走上危害国家安全的道路。三是人文精神缺失。部分高校为了解决学生的就

业问题，只重视专业技术技能的训练，而忽视对学生的人文精神的塑造，严重影响了学生的全面发展和健康成长，这些问题给社会安全埋下了隐患。

总体国家安全观融入校园精神文化建设，要以增强文化自信为根本目的，深入开展爱国主义教育、理想信念教育、社会主义核心价值观培育等，以塑造学生的艰苦奋斗精神、居安思危意识以及家国情怀等。同时，在校园精神文化建设活动中，开展具有中国气派的校园文化活动，使学生在丰富多彩的校园精神文化活动中深入了解博大精深的中华文化，不断增强文化自信，如围绕国家安全主题开展中华诗词中蕴含居安思危的词句征集等比赛活动，既拓展了校园精神文化建设的视野，也使学生在校园文化活动中感悟中华文化忧患意识的传统智慧，进而更加坚定维护国家文化安全的自觉性和主动性。在校园精神文化活动方面，可通过开展以总体国家安全观为主题的文艺晚会、知识竞赛、演讲比赛等活动，不断提升学生参与的积极性；也可指导学生组建成立相关社团，通过社团开展国家安全宣传教育活动，既丰富了校园文化活动的形式，也使学生在活动中增强国家安全意识。

四、总体国家安全观融入校园制度文化建设

校园制度文化“是校园精神文化在学校管理上的体现，实质是反映学校调控的程度、监控的原则以及管理的张力”①。建设校园制

① 庞乃燕，何圆，韦冬雪．大学生社会主义核心价值体系教育的校园文化载体研究［J］．学校党建与思想教育，2010（10）：85－87.

度文化，应从两个方面着手，在制度制定方面，既要完善现有制度，又要制定新的制度，建立健全制度体系；在制度执行方面，要展现“管理育人”的制度优势。通过制度制定的道德性和制度执行的公正性，营造公平正义的校园制度文化氛围，使学生深切体验到中国特色社会主义的制度优势，不断增强制度自信和制度带来的文化自觉，进而积极维护制度安全和文化安全。

当前，个别高校在校园制度文化建设方面重视不够，难以发挥制度育人的功能。在制度制定阶段，只从管理的角度出发，也没有体现程序正义，制度内容生硬；在制度执行阶段，没有结合具体实际，导致制度难落实。这些既有损制度的权威性，也给校园制度文化建设带来负面影响。因此，建设校园制度文化，要坚持以学生为中心，在制度的意见征求、民主决策、公示公开等环节引导学生积极参与，并在制度执行过程中主动接受师生的全程监督，要通过完善制度来营造制度文化，逐步走向文化管理。

总体国家安全观融入校园制度文化建设。其逻辑起点就是没有制度自信就没有制度安全，没有文化自信就没有文化安全。基于此，应着眼于培养学生的制度自信和文化自信。从制度自信的角度来看，主要是通过科学制定和有效执行制度来增强学生的制度自信；从文化自信的角度来看，主要是通过营造良好校园制度文化来增强学生的文化自信。使学生在充满人文关怀和公平正义的制度文化中成长成才，自然就会增强他们的制度自信和文化自信，并在日常学习生活中主动维护制度安全和文化安全。

第三节 在社会实践活动中培育总体国家安全观

社会实践是培育大学生总体国家安全观的“第三课堂”。2019年3月，习近平总书记在学校思想政治理论课教师座谈会上强调指出，要“重视思政课的实践性，把思政小课堂同社会大课堂结合起来，教育引导学生立鸿鹄志，做奋斗者”①。可见，社会实践对大学生价值观的形成至关重要，社会大课堂是检验学校小课堂理论科学性的重要方式，也是促进大学生将理论内化于心、外化于行的重要途径。培育大学生的总体国家安全观，既要通过学校小课堂帮助他们深入理解总体国家安全观的理论知识，又要通过社会实践活动帮助他们识别国家安全面临的威胁与挑战，帮助他们科学掌握维护国家安全的有效途径和方法。

一、社会实践活动对培育大学生总体国家安全观的意义

马克思主义认为，实践是人的存在方式。实践育人是高校培养人才的重要途径，习近平总书记强调指出“学到的东西，不能停留在书本上，不能只装在脑袋里，而应该落实到行动上，做到知行合一、以知促行、以行求知”②。可见，只有通过社会实践平台，才能

① 习近平．用新时代中国特色社会主义思想铸魂育人 贯彻党的教育方针落实立德树人根本任务——在学校思想政治理论课教师座谈会上的讲话［N］．人民日报，2019－3－19（001）．

② 习近平．在北京大学师生座谈会上的讲话［N］．人民日报，2018－5－3（001）．

使学生将书本上学到的理论知识转化为理想信念和行动自觉，真正实现内化于心、外化于行。

（一）提高总体国家安全观培育实效的重要途径

培育总体国家安全观的根本目的就是让大学生牢固树立和积极践行总体国家安全观，主要体现在对大学生的精神塑造和行为引导，而不只是让他们记住总体国家安全观的相关知识。由此可见，总体国家安全观的培育具有显著的实践特性。一是通过社会实践可以增强总体国家安全观培育的吸引力和感召力。总体国家安全观既有丰富的理论性，又有很强的实践性。如果单纯开展理论教育就很枯燥而且抽象，难以达到预期的培育效果，而社会实践不仅形式多样，而且生动活泼，学生更乐于接受，这就需要突出总体国家安全观的实践性特征，把理论学习和实践活动结合起来，使学生在总体国家安全观培育的实践活动中产生情感共鸣，内化于心。二是社会实践可以增强大学生的主观能动性。大学生只有通过社会实践才能把学到的国家安全理论知识运用到具体实际中，才能更深入了解国家各领域的安全形势，从而不断增强维护国家安全的意识，也才能在社会实践中学会运用所学知识来解决实际问题，从而不断提高维护国家安全的能力。我们不仅要强调在学校小课堂上坚持理论联系实际，更要强调在社会大课堂上通过实践活动检验理论知识的科学性和真理性，使学生通过实践体验在心理和行为上认同和践行总体国家安全观，切实提高总体国家安全观的培育实效。

（二）大学生总体国家安全观培育的基本环节

总体国家安全观培育与其他知识教育不同，其主要目的是通过培育，引导大学生牢固树立和积极践行总体国家安全观。这就比其他的知识教育有了更高的要求，需要通过两次转化才能实现。第一次是理论内化，主要解决学生对总体国家安全观的认知问题，以提高学生的理论水平；第二次是实践外化，主要解决学生思想和行为的矛盾问题，促进学生将理论知识转化为自觉行动。两次转化既各有侧重，又相辅相成，这与思想政治工作“三大规律”相吻合，总体国家安全观的培育也必然经历从理论内化到实践外化两个基本环节，并呈现出循环往复、螺旋上升的发展趋势。理论内化是实践外化的前提和基础，大学生只有学习并掌握总体国家安全观的理论知识，才能明确总体国家安全观的实践方向；实践外化是理论内化的重要标志，只有把国家安全理论运用于实践，接受实践检验，才能看出总体国家安全观的科学性和真理性，才能更加坚定总体国家安全观，更加自觉维护国家安全。

二、社会实践培育大学生总体国家安全观的问题

虽然实践育人已在高校深入人心，各类社会实践活动丰富多彩，政策、基地、项目、制度等相关配套也日益完善，积累了较为丰富的实践育人经验，但在社会实践培育大学生总体国家安全观方面，还存在不少问题：一是缺乏统筹规划。由于认识不到位，只是把总体国家安全观培育作为思想政治教育的内容之一，而没有上升到重大主题教育的高度来推动落实。所以缺乏总体国家安全观培育的顶

层设计和统筹实施。主要表现为手段不多、针对性弱、协同性差，其效果可想而知。二是重理论轻实践。虽然大家都知道实践课的重要性，也有实践教学的明文规定，但在具体实施过程中，还是出现落实不到位、不规范等问题，主要原因是惯性思维在作怪和嫌麻烦，思政课都出现这样的情况，更不用说国家安全教育课了。三是有活动但效果差。现实中的多数课程都安排有相应的实践课时，但在具体的实施过程中，很多老师把实践课当作福利给学生，让学生自主安排，教师少指导或不指导；还有的是重形式轻内容、重宣传轻质量等，使得社会实践活动流于形式。四是协同机制未建成。社会实践活动需要学校、家庭、社会等多方协同推进，根据各自优势提供不同服务形成合力，才能保障实践育人的质量和效果。但在具体实践中，出于利益成本考量，或者学生安全顾虑等，各方的积极性持续走低，难以建立起高效顺畅的实践育人协同机制。这些问题对通过社会实践活动培育大学生的总体国家安全观来说，确实是较大的难题。

三、社会实践培育大学生总体国家安全观的策略

通过社会实践活动培育大学生的总体国家安全观，在高校中可以说是较为新鲜的尝试，因为相对于专业教育来说，为了让大学生尽快熟悉未来的岗位工作，必然要加大专业教育的社会实践锻炼力度，但总体国家安全观的培育属于思想政治教育领域，存在传统理论灌输的路径依赖，很少开展相关的社会实践活动。近年来，很多高校利用全民国家安全教育日这个关键时间节点，开展了丰富多彩的国家安全教育实践活动，取得了良好效果，但借助社会实践活动

常态化开展有待加强和创新。

（一）打造社会实践培育大学生总体国家安全观新格局

大学生总体国家安全观的培育既是战略工程，更是系统工程，需要全方位、多途径发力，才能取得实效，而社会实践是重要的培育路径。因此，高校应提高政治站位，从国家安全和立德树人的战略高度，加大实践培育力度，建立健全以实践为抓手的总体国家安全观培育体制机制。在领导体制方面，加强党对总体国家安全观培育的全面领导，建立形成权责明晰、齐抓共管的领导和工作机构，确保总体国家安全观实践培育工作的落实。在工作机制方面，要统筹推进实践培育工作，畅通培育途径，整合培育资源，形成培育合力，促进课堂实践教学和社会实践活动的有机衔接，增强宣传教育、参观考察、调查研究等形式对总体国家安全观的培育功能，推进学校、政府、家庭、社会等相关主体在实践培育中形成合力。在制度建设方面，要完善总体国家安全观的培育制度，包括对培育主体的管理、督导、评价制度等，切实把实践培育成效作为对各主体考核评价的重要指标，打造形成社会实践培育大学生总体国家安全观的新格局。

（二）构建理实并重的大学生总体国家安全观培育模式

总体国家安全观具有显著的理论性和实践性特征，因此，培育大学生的总体国家安全观，要坚持理论与实践相结合，即构建理论教学和实践教学并重的总体国家安全观培育模式。在培育目标上，既要使学生系统理解总体国家安全观的相关知识，又要使学生学会运用相关知识解决危害国家安全的问题，即具备维护国家安全的能力。在培育方法上，既要注重讲授式、启发式的理论教学方法，又要注重参与式、体验式的实践教学方法；在理论教学中体现实践性，在实践教学中彰显理论性，确保理论与实践的有机结合，使学生既掌握理论知识，又学会解决现实问题。在考核评价上，"改进以理论学习成效、知识掌握程度为重点的考试评价方式，更加注重以参与实践教学活动、理论指导实践成效为核心的评价方式；改进以学习结果为依据的课程评价方式，更加注重对学生的学习态度、学习过程、实践行为等为重点的综合性过程性评价，引导学生主动参与实践教学和社会实践活动"①，让大学生在实践中领会总体国家安全观的科学性，通过实践牢固树立并自觉践行总体国家安全观。

（三）多维推进社会实践培育大学生总体国家安全观

社会实践活动是大学生总体国家安全观培育的重要载体，提升大学生总体国家安全观的实践培育成效，应采取多维推进的策略。一是开展以国家安全为主题的社会实践活动。这是通过实践途径培育总体国家安全观的主要方式。高校要围绕总体国家安全观，组织策划国家安全主题社会实践活动，如组织学生到基层开展国家安全法律法规宣传教育活动，组织学生到国家安全教育实践基地参观考察，组织学生进行国家安全知识问卷调查等，这些活动具有很强的针对性和实践性，是提升总体国家安全观培育实效的主要方式。二

① 李海娟．新时代高校实践育人路径探析［J］．思想理论教育，2021（8）：108－111.

是结合课程实践教学开展国家安全教育实践活动。课程实践主要包括思政课实践教学和专业课实践教学，在思政课实践教学中，结合专题教育融入开展国家安全实践教学，可以丰富思政课实践教学的内容和形式，提高思政课实践教学质量，同时又达到培育总体国家安全观的目的；在专业课实践教学中，结合专业课的实践特点融入或者挖掘总体国家安全观知识要素，在提升专业能力的同时，也达成了课程思政的目标，这是实践教学的双赢模式。三是结合社会服务开展总体国家安全观实践培育。社会服务是高校的基本职能，高校可以利用“三下乡”“见习实习”等社会实践活动机会，引导学生开展形式多样的国家安全教育实践活动，如组织参与环保活动，可以增强学生的生态安全意识；组织参与疫情防控志愿服务，可以增强学生的生物安全意识，使学生在实践体验中更加清晰地辨识国家安全面临的威胁和挑战，更加科学地掌握维护国家安全的途径和方法。

（四）建立社会实践培育总体国家安全观的支持保障体系

通过社会实践活动来培育大学生的总体国家安全观，是涉及方方面面的系统工程，因此，要建立社会实践培育总体国家安全观的支持保障体系。一是多元主体协同参与。在多元主体中，高校是组织者、协调者，要担起主体责任，组织协调好参与总体国家安全观培育的社会相关主体，如国家安全教育实践基地管理部门、国家安全部门、政府宣传部门等，高校要创造条件协调各方各司其职，协同落实国家安全战略任务。二是整合多种培育资源。主要是整合总体国家安全观实践培育的基地场所等物化资源和人才资源，包括国家安全实践教育基地、爱国主义教育基地、国家安全机关等及其相关管理人员和专业人才，他们的专业性可以为大学生提供高质量的国家安全教育服务。高校要强化总体国家安全观实践培育的资源整合力度。三是建立培育资源共建共享机制。共享要建立在共建共担的基础之上，虽然参与对大学生开展总体国家安全观培育是各单位各部门落实国家安全战略的法定义务，但还需要高校发挥主体作用，组织协调好政府部门、行业企业、社会组织等相关主体，共同建立大学生国家安全教育实践活动的支持保障机制，特别是在培育基地建设、经费保障等方面要明确责任，在培育成果方面要实现共享，如培育成果申报不能是高校独享，而应联合相关单位和部门共同申报、共享成果，才能长久保持各方协同的积极性。

第四节　在网络空间生活中培育总体国家安全观

网络空间是培育大学生总体国家安全观的“第四课堂”。在互联网和信息化时代，网络空间已然成为大学生主要的生活场域，成为他们获取信息的主要途径，同时，网络也直接影响着他们的价值观念。高校应把网络空间作为培育大学生总体国家安全观的重要途径和基本载体，发挥“网络育人”作用和优势，既要通过网络空间开展网络安全教育，又要借助网络空间开展意识形态安全教育以及其他领域的安全教育，这是新时代推进大学生总体国家安全观培育的必然要求。

一、网络空间培育大学生总体国家安全观的价值意蕴

信息化赋能高等教育高质量发展已是不争的事实，理解网络空间对培育大学生总体国家安全观的价值意蕴，有利于提高教师开发网络培育资源的积极性，有利于大学生通过网络空间接受总体国家安全观培育。高校应把网络空间作为培育大学生总体国家安全观的重要阵地，切实发挥网络育人的功能。

（一）网络空间培育大学生总体国家安全观的独特优势

“谁掌握了信息，控制了网络，谁就拥有整个世界”①。利用网络空间进行大学生的总体国家安全观培育具有独特优势。首先是网络空间有利于拓展培育领域。在网络空间里，信息能够得到快速传播，覆盖的范围和对象更广，利用网络空间开展大学生总体国家安全观培育，能够把总体国家安全观的相关知识渗透到网络生活中，实现全方位培育效果，在潜移默化中强化大学生的国家安全意识。其次，网络空间提高培育效率。利用网络空间开展总体国家安全观培育，在拓宽培育资源渠道的同时，更能提高培育的组织效率。因为相对于非网络化的培育条件，网络空间可以使培育资源通过“互联网+”实现共享，避免了资源浪费，降低了培育成本，从而提高总体国家安全观的培育效率。最后，网络空间符合时代新人的接受习惯。在网络空间里，网络主体之间开放互动，网络信息推送方便

① 阿尔文·托夫勒．第三次浪潮［M］．黄明坚，译．北京：中信出版社，2018：128.

快捷，网络空间已经成为大学生社交的主要平台，将总体国家安全观融入网络空间，精心制作具有知识性、趣味性、互动性的国家安全教育“产品”，并借助“两微一端”等平台向大学生精准推送，能够有效提升总体国家安全观培育的亲和力与针对性。

（二）解决国家安全教育“轻量化”与“实践性”的矛盾

“轻量化”源自赛车运动，它的优势是减轻车身重量可以带来更好的操控性，同时还能省油。随着“节能环保”越来越成为人们关注的话题，“轻量化”概念也被广泛应用到包括教育在内的社会各个领域。轻量化教育的目的是确保教育效果稳步提升的同时，尽量减少教师、学生等相关主体的负重感。近年来，诸多重大主题教育需要融入高校的思政课教学当中，导致思政课的内容不断增多、要求也不断提高，使得教师疲于奔命，学生难以适从，无法确保教育效果。将总体国家安全观融入思政课教学是培育总体国家安全观的重要途径，这就需要在思政课中寻求“轻量化教学”途径。同时，实践性教学又是总体国家安全观培育的重要环节，而实践性教学相对需要更多的时间和资源成本，这就出现了“轻量化”与“实践性”的矛盾，网络新媒体新技术的广泛运用，可以有效解决这个矛盾。因此，高校应在培育的“轻量化”上下功夫。培育的“轻量化”是指在减轻师生负担的情况下，确保培育效果不打折，通过“轻量化”培育，使学生在轻松愉悦的氛围中将总体国家安全观“内化于心，外化于行”，也使教师更专注于培育工作，从而实现培育的“减负增效”。

二、网络空间培育大学生总体国家安全观的方法

2016年12月，习近平总书记在全国高校思想政治工作会议上强调："要运用新媒体新技术使工作活起来，推动思想政治工作传统优势同信息技术高度融合，增强时代感和吸引力"①，为创新网络空间培育大学生总体国家安全观指明了方向。高校要结合大学生网络生活实际探索培育的新方法，切实发挥网络空间培育大学生总体国家安全观的优势和实效。

（一）以网络意识形态安全为总体国家安全观培育前提

维护网络意识形态安全是利用网络空间培育大学生总体国家安全观的基本前提。意识形态安全是国家安全的重要内容，关乎政治安全、文化安全、社会安全等多个领域。在诸多安全风险中，意识形态安全风险的演变发展呈现出隐蔽性、多源性和长期性等特征，维护好网络形态安全成为优先选项。当前，"互联网是高校思想政治工作的新平台、新空间，也是意识形态和社会舆论斗争的新阵地、新战场"②。新时代大学生不仅是网络空间的主流网民，而且他们的网络生活丰富多彩，但由于他们社会阅历欠缺，信息识别能力有限，很容易被敌对势力利用，特别是西方敌对势力凭借经济优势和话语

① 习近平．把思想政治工作贯穿教育教学全过程 开创我国高等教育事业发展新局面——在全国高校思想政治工作会议上的重要讲话［N］．人民日报，2016－12－9（001）．

② 高歌．加强新时代高校网络思想政治教育探究［J］．学校党建与思想教育，2021（12）：65－67．

霸权，推广所谓的“普世价值”，进行“价值输出”和“民主输出”，企图污蔑和丑化中国的价值追求和政治主张，试图影响大学生的价值认知和判断，诱导他们怀疑和否定社会主义核心价值观，造成意识形态领域的混乱局面。此外，“为了增强意识形态的渗透成效，西方敌对势力在政治、经济和文化等领域对我国发起全方位的挑战，利用‘议题设置’和培植‘代理人’的方式对中国制度和发展道路进行常态化攻击，以期达到消解社会主义意识形态价值根基的图谋，使当前的意识形态渗透呈现复杂化的趋势”①。因此，高校必须把网络意识形态安全置于党和国家长远发展的战略高度，牢牢掌控意识形态安全的领导权和话语权，做好网络空间的舆情管控，大力弘扬主旋律，传播正能量，引导大学生健康使用网络。还要准确把握互联网的发展特点和信息传播规律，建立健全校园网络空间治理体系，严格管理校园各类网络平台，建立网络信息发布审核制度，明确校园网络管理职责，确保校园网络意识形态安全，为利用网络空间开展大学生总体国家安全观培育工作营造风清气正的网络生态。

（二）以网络空间“轻量化”培育大学生总体国家安全观

要“轻量化”培育大学生总体国家安全观，关键是培育过程的“减负”，在实现为师生减轻负担的同时，确保培育质量稳步提升。从教师的角度来看，要转变培育理念，实现角色转换，从施教者变

---

① 王永贵，史作廷. 新时代加强意识形态安全教育的战略审视和创新路径［J］. 思想理论教育，2021（8）：51－55.

为合作者；从学生的角度来看，要减少形式化作业，由受教者变为参与者，改变传统的“满堂灌”是提高培育质量的有效手段。而运用新媒体新技术是实现培育目标的重要方式，可以说，新媒体新技术为总体国家安全观培育“插上了翅膀”，利用网络媒体平台，让国家安全知识生动呈现于学生面前，在减轻学生学业负担的同时，也增加了学习过程的趣味性。当前，随着新媒体新技术的飞速发展，很多高校大力提倡并广泛运用包括网课、翻转课堂等在内的“轻量化教学”模式，不仅减轻了教学过程中各相关主体的负担，而且融媒体的出现也为深化总体国家安全观培育提供了实践契机。相关调查表明，大学生在国家安全教育方面最期待的是实践性学习，他们更喜欢到国家安全教育基地、边防哨所等参观学习，或者开展以国家安全为主题的社会调研活动，通过实践体验接受总体国家安全观培育的效果更为理想。但由于受到很多客观因素的影响，实施的难度较大，不可能全部开展实地的社会实践培育活动，这和我们所提倡的“轻量化”培育出现冲突。借助网络融媒体、VR 技术等开展“云端总体国家安全观培育”，把现实场景中的国家安全教育资源搬到线上，让学生在创设的虚拟情境中“沉浸式”地“想象接触”①，无疑是解决总体国家安全观培育“轻量化”与“实践性”之间矛盾的最佳选择，对强调“知行并重”的培育理念来说，这是实现培育成本效益最大化的重要方式。

---

① 严庆，梅丽，李志刚．深化民族团结进步教育的“共情”视角［J］．民族教育研究，2020，31（1）：5－12.

（三）以“互联网＋总体国家安全观培育”升级“知行并重”

总体国家安全观的培育主要有“教育引导”和“自悟生成”两个路径。其中，“教育引导”路径强调的是施教者对受教者的知识传授。总体国家安全观内涵丰富、体系完整、逻辑严密，通过教育引导使学生掌握系统的国家安全知识，有利于他们增强国家安全意识和维护国家安全能力，还能避免由于“过失无知”而作出危害国家安全的行为。而“自悟生成”路径强调的是受教者通过亲身实践体验，在心理上对培育内容产生接纳、认同以至内化，这是实现总体国家安全观培育目标的内在条件。“知行并重”是培育的重要目的，强调既注重运用知识来指导实践，又注重通过实践来检验知识的真理性。其中的“知”就是要在教育引导方面增强国家安全知识的传输和普及，“行”就是要在自悟生成方面使总体国家安全观“内化于心、外化于行”，两者相互促进，彼此成就。高校在总体国家安全观培育的过程中，应做到“轻量化”和“实践性”协同，既要重视以“减负增效”为目标的轻量化培育改革，也要充分利用网络空间引导大学生参与总体国家安全观培育的实践活动。如：通过易班开辟国家安全话题专区、开展国家安全知识抢答活动、策划“寻找间谍”网络游戏等。利用网络媒体平台，开展形式多样的总体国家安全观培育活动，为大学生创设突破空间距离、扩大网络实践的参与面，有利于国家安全知识的传播和普及，是“教育引导”的有效方式。同时，开发兼具实践性、娱乐性的网络国家安全教育内容和形式，使大学生将总体国家安全观“沁入”内心，是实现“自悟生成”路径的重要方式。“教育引导”与“自悟生成”双管齐下，有效避免了总体国家安全观培育的简单化，也达到了“知行并重”的培育目的。可以说，“互联网 + 总体国家安全观培育”升级了“知行并重”培育目的，在满足大学生网络学习生活“胃口”的同时，增强了大学生总体国家安全观培育的实效性。

第八章　大学生总体国家安全观培育的保障体系

大学生总体国家安全观的培育是复杂的系统工程，要确保培育工作的有效运行和高质量推进，高校要在组织领导、师资队伍、评价机制、资源供给等方面加大保障力度，努力构建系统完善、高效协同的保障体系，发挥整体合力，提升培育效能。

第一节　加强大学生总体国家安全观培育的组织领导

《实施纲要》提出，高等学校党委负责本校国家安全教育的组织实施，在教师配备、经费投入等方面给予必要保障。由此明确了党委在大学生总体国家安全观培育中的组织领导职责，高校党委要做好本校总体国家安全观培育的顶层设计，明确工作任务、人员配备、责任机构、条件保障、经费投入、推进计划等。实行分级负责制，由学校党委工作部门协调推动，教务部门牵头协调武装保卫、学工团委等相关部门和二级院系，统筹指导全校总体国家安全观培育工作，二级院系党组织负责组织落实，督促二级院系切实履行总体国家安全观培育的主体责任。

一、提高政治站位，加强组织领导

当前，国际环境日趋复杂多变，敌对势力在各个领域对我国的渗透破坏有增无减，除了持续推进国家安全能力建设外，更需要加强全民国家安全教育，不断筑牢“精神长城”。站在时代前沿的大学生，历来都是敌我双方争夺的主要对象，因此，加强大学生总体国家安全观培育显得更加迫切。高校党委要提高政治站位，深刻认识加强大学生总体国家安全观培育是落实国家安全战略的重要举措，是落实立德树人根本任务的内在要求，不断加强组织领导，发挥党总揽全局、协调各方的领导核心作用。

首先，要做好培育的顶层设计。把大学生总体国家安全观培育工作作为党委会议的重要议题，定期进行专题研究部署；党委书记要担负起第一责任人责任，明确分管领导；制定相关的制度和方案，明确工作任务、人员配备、责任机构、条件保障、经费投入、推进计划等，构建全员化、全过程、全方位的大学生总体国家安全观培育体系。其次，实行分级负责制。学校党委办（党政办）负责协调推动大学生总体国家安全观的培育工作，包括组织制定相关文件方案、组织召开相关工作会议、组织开展监督检查等；教务处负责牵头协调武装保卫部门（负责军训和军事理论教学）、学工处（负责学生日常管理）、教师发展中心（负责教师管理培训）等相关部门和二级院系（负责具体培育），统筹指导全校总体国家安全观培育工作，教务处还要做好国家安全教育教学的组织工作。最后，二级院系负责组织落实。二级院系是开展大学生总体国家安全观培育工作的责任单位，要认真组织开展国家安全教育的教学、管理、考核等工作，二级院系党组织要督促本院系切实履行总体国家安全观培育的主体责任。

二、完善工作体系，提升培育效能

2020 年 4 月，教育部等八部门联合发布的《关于加快构建高校思想政治工作体系的意见》明确指出："健全立德树人体制机制，把立德树人融入思想道德、文化知识、社会实践教育各环节，贯通学科体系、教学体系、教材体系、管理体系，加快构建目标明确、内容完善、标准健全、运行科学、保障有力、成效显著的高校思想政治工作体系。"① 大学生总体国家安全观培育是高校思想政治工作的重要内容，必须以完善的工作体系作为保障，才能真正提升培育的效能。

大学生总体国家安全观培育不是单纯开展国家安全教育教学，而是涉及多方面的工作体系，推进体系化是培育价值实现的内在要求和现实需要。培育过程是多主体力量相互联系、相互作用、相互影响的过程，多主体力量相互作用形成了整体性的培育工作体系。新时代对大学生总体国家安全观培育工作体系建设提出了更高要求，

---

① 教育部，中共中央组织部，中共中央宣传部，中共中央政法委员会，中央网络安全和信息化委员会办公室，财政部，人力资源社会保障部，共青团中央．教育部等八部门关于加快构建高校思想政治工作体系的意见［J］．中华人民共和国教育部公报，2020（4）：23－27.

高校要以体系化建设为切入点和着力点，不断推进大学生总体国家安全观培育工作。大学生总体国家安全观培育体系包括理论武装体系、学科教学体系、日常教育体系、管理服务体系、安全稳定体系、队伍建设体系和评估督导体系等七个子体系。这七个子体系相互促进、相辅相成，共同构成闭合式的培育循环系统，保障培育工作实现高质量发展。

理论武装体系是培育工作的灵魂。加强大学生总体国家安全观培育的理论武装，要从两个方面着手，既要加强教师的理论武装，又要加强学生的理论武装，紧紧围绕“铸魂育人”的根本要求，通过教师深厚的理论功底和高超的培育水平，教育引导学生厚植爱国情怀，增强做中国人的志气、骨气和底气。学科教学体系是培育工作的抓手。要把国家安全教育深度融入相关学科教学体系当中，特别是思政课教学，有条件的高校可以探索建设国家安全学学科，为大学生总体国家安全观培育奠定坚实的学科理论基础和教学支撑。日常教育体系是培育工作的根基。日常教育体系包括校园文化、网络空间、社会实践等方面，要通过开展丰富多彩的国家安全培育主题校园文化活动，运用新媒体新技术开发形式多样的国家安全培育主题网络活动项目，深入开展国家安全培育主题社会实践活动，打造形成有利于总体国家安全观培育的生活情境和社会氛围。管理服务体系是培育工作的枢纽。要以“三全育人”思维推进总体国家安全观培育工作，认真梳理各管理服务部门、环节、岗位的育人职责，细化管理服务育人的具体内容、实践路径，打造全员化参与、全过程贯通、全方位覆盖的总体国家安全观培育工作格局。安全稳定体系是培育工作的前提。要强化红线意识，从人民安全、国家安全的高度，深刻认识维护学校安全、学生安全的极端重要性。通过建立学校安全风险预警、事故统计分析机制，构建校园安全防护体系，为顺利开展总体国家安全观培育奠定坚实基础。队伍建设体系是培育工作的主体。要按照“四有”好老师的要求加强队伍建设，打造高素质的总体国家安全观培育工作队伍，持续提升工作队伍的素质能力和专业水平。评估督导体系是培育工作的结果导向与反馈环节。要把总体国家安全观培育纳入教育评估督导体系，明确评估督导办法，并将评估督导结果纳入年度考核范围。通过上述七个子系统的聚合效应和作用发挥，不断提升培育效能。

第二节 优化大学生总体国家安全观培育的师资队伍

2018 年 5 月，习近平总书记在北京大学师生座谈会上强调指出：“人才培养关键在教师，教师队伍素质直接决定着大学办学能力和水平，要建设政治素质过硬、业务能力精湛、育人水平高超的高素质教师队伍。”① 大学生总体国家安全观的培育工作具有显著的政治性、理论性和实践性，这就需要不断优化师资队伍建设，为总体国家安全观培育提供雄厚的师资队伍保障。

一、完善总体国家安全观培育的师资队伍结构

师资队伍构成是优化大学生总体国家安全观培育师资队伍的重

---

① 习近平．在北京大学师生座谈会上的讲话［N］．人民日报，2018 - 5 - 3 (002).

要基础。目前，很多高校没有配备专门从事总体国家安全观培育的专任教师，专门单列国家安全教育专任教师队伍也不切实际。因此，高校应从以下几方面完善师资队伍结构。

（一）建设专业化的总体国家安全观培育教师队伍

这里的专业化并非专职化。而是负责总体国家安全观培育的教师不脱离原岗位，但在总体国家安全观培育方面，具有专业化的理论知识和实践能力，能够胜任国家安全教育专门课程的教学工作，也能够胜任总体国家安全观培育的管理服务或实践指导工作，更能够从事相关的研究工作，并且这些教师形成相对固定的队伍或者团队，愿意将更多的精力投入到总体国家安全观培育的具体工作中，将总体国家安全观培育作为专业发展和职业规划的重要目标。专业化的总体国家安全观培育教师队伍可以从思政课教师队伍、辅导员队伍中遴选，因为这两个队伍的工作性质和总体国家安全观培育相似度高，而且和学生的接触最为密切。专业化的教师队伍应是总体国家安全观培育的主体力量。

（二）建设复合型的总体国家安全观培育教师队伍

在“三全育人”理念驱动下，“课程思政”已深入人心，为高校建设复合型的总体国家安全观培育教师队伍提供了良好的舆论氛围。课程思政成为学科专业教师义不容辞的责任，全员育人在高校基本形成。除了专业化的总体国家安全观培育教师队伍以外，复合型的总体国家安全观培育教师队伍主要包括其他的思政课教师、辅导员、学科专业教师、兼课行政人员等，他们在“种好责任田”的同时，在总体国家安全观培育方面要有情怀、有能力、有担当，能够在课程教学中有机融入总体国家安全观的相关知识，能够充分挖掘课程中蕴含的总体国家安全观元素，能够结合岗位特点组织开展总体国家安全观培育活动。复合型教师队伍无须硬性规定全校教师参与，但应尽量扩大规模，形成协同效应。如法学专业课教师可以发挥专业特长开展总体国家安全观相关法律法规的普及教育，并培养学生团队开展国家安全法律法规的宣传教育，不断拓展培育的对象和范围。

（三）建设兼职型的总体国家安全观培育教师队伍

兼职型的总体国家安全观培育教师队伍主要是由外聘的相关人员组成。如国安部门和政法部门的专业人员、党政部门的相关人员、行业企业的相关技术人员以及校外的相关专家学者。兼职型人员具有专业理论和专业技术优势，可以弥补高校教师队伍的不足。对于兼职型总体国家安全观培育的教师队伍，可以采取定期聘任或者临时邀请的方式，主要是让他们给学生作国家安全教育方面的讲座报告，或指导学生开展国家安全实训等，以体现总体国家安全观培育的权威性，同时也提高了培育的专业化和影响力。建设兼职型的总体国家安全观培育教师队伍，目的是形成大学生总体国家安全观培育的强大合力。

二、提高总体国家安全观培育的师资队伍质量

师资队伍质量是优化大学生总体国家安全观培育师资队伍的关键要素。进入新时代，高校要把培育大学生总体国家安全观作为落

实国家安全战略的重要举措，站在铸魂育人高度，从提高师资队伍质量入手，切实保障培育效能。

（一）分级别开展总体国家安全观培育教师全员培训

分级别培训主要是指开展高校教师的全员化培训，将国家安全教育纳入“国培计划”、高等学校新入职教师培训、思政课教师培训、课程思政培训等各级各类培训，强化每位教师的总体国家安全观意识，提高总体国家安全观培育的自觉性。要发挥马克思主义学院的辐射带动作用，开发专门培训项目，对专业型、复合型、兼职型等教师群体进行分级别的针对性培训，通过定期组织开展总体国家安全观培育的专题研讨、课程研究、教师实践教育等活动，全面提升全体教师的培育能力。其中，专业型教师队伍是培训的重点对象，通过高级别的培养培训，使他们成为复合型教师队伍的培训师资。这种方法既降低了培训的成本，又能够培养出符合本校实际的总体国家安全观培育教师队伍。兼职型教师队伍也应该成为校内其他类型教师队伍的培训师资。

（二）分层次开展总体国家安全观培育教师专题培训

分层次开展专题培训是提升总体国家安全观培育的重要基础。分层次专题培训主要是针对培训对象和培训内容的不同而开展的培训形式。总体国家安全观培育需要不同层次的教师承担不同的培育任务，这就需要分层次进行针对性培训。如通过举办校级领导和中层领导干部总体国家安全观的专题研讨班，重点培训他们的战略思维能力、统筹协调能力等，不断提高校级领导和中层领导干部的决策能力、协调能力，以便为总体国家安全观培育提供坚强的组织领导。又如对总体国家安全观培育关联度高的学科专业教师进行专项培训，以提高他们结合课程教学融入总体国家安全观的能力和水平。高校还应建设培训者队伍和专家库，为大学生总体国家安全观培育提供师资保障。

（三）大力开展国家安全教育学科专业建设和人才培养

开展国家安全教育学科专业建设和人才培养是持续推进总体国家安全观培育的动力和源泉。有条件的高校可以设置国家安全教育专业或开设国家安全教育专业双学位，强化师范专业国家安全教育要求，培养专门从事总体国家安全观培育的“种子”教师。此外，在评优评先、职称评定、升职晋级等方面适当向从事总体国家安全观培育的教师倾斜，选树宣传总体国家安全观培育名师和骨干教师，建立总体国家安全观培育名师工作室，设立专门的总体国家安全观培育科研课题等，带动更多教师潜心国家安全教育学科专业建设和人才培养，为高质量推进大学生总体国家安全观培育提供强大的人才保障。

第三节　完善大学生总体国家安全观培育的评价机制

评价机制是大学生总体国家安全观培育的重要环节，具有很强的导向功能。发挥好评价这个“指挥棒”，有利于克服培育过程中的短视行为和功利化倾向，保证大学生总体国家安全观培育的正确方向，提高培育效能。《指导纲要》提出了国家安全教育评价的基本原则和思路，为完善大学生总体国家安全观培育的评价机制提供了重要参考。

一、大学生总体国家安全观培育评价的基本原则

大学生总体国家安全观的培育并非选拔性和甄别性工作，因此，要坚持多种评价原则，突出评价对培育的激励、反馈、诊断和促进作用；要采取灵活多样的评价方式激励和引导大学生，促进他们不断增强维护国家安全的意识和能力。

（一）坚持发展性评价原则

发展性评价是目前教育界最科学合理的评价方式。“发展性评价是从评价的目的与功能出发对评价所作的界定，指以促进学生、教师和学校发展为目的的评价，是多种评价方式的集合，是多样化的评价体系”①。可见，发展性评价更侧重评价对象的未来发展，而不是下结论或确定等级。在大学生总体国家安全观培育中坚持发展性评价原则，要强化教育引导，激发大学生的学习热情，提升他们的国家安全意识和维护国家安全能力，增强他们的爱国情感，要杜绝随意打分、简单排名，促进他们在总体国家安全观的知、情、意、行等方面素质协调发展。

① 王汉澜．教育评价学［M］．郑州：河南大学出版社，1995：69.

（二）坚持过程性评价原则

近年来，过程性评价原则被越来越多的教师和教学管理者接受和认可，尤其在对学生学习的评价领域应用较多。“过程性评价是在教学活动中对学生学习的各类信息加以即时、动态地解释，以揭示、判断和生成教学价值的活动”①。具体来说，过程性评价是以优化学习过程、提高学习效果、促进个体生命发展为目的的评价活动，强调学习过程中的知识建构、能力发展、学习动机激发、学习策略运用以及情感态度形成等。过程性评价既要实现学生学习动机的激发和学习方式、学习效果的优化，也要促进教师的教学反思与教学方式的改进，实现教学效果的优化。在大学生总体国家安全观培育中坚持过程性评价原则，就要激发他们积极践行总体国家安全观，提升他们维护国家安全能力，引导他们“知行并重”，避免仅考查相关的知识概念。

（三）坚持多元性评价原则

多元性评价原则，顾名思义就是注重对学生综合素质的考查，促进学生全面发展，包括评价内容多元、评价方式多元、评价主体多元。评价内容主要包括学生对总体国家安全观的情感态度、对总体国家安全观的知识理解、对维护国家安全技能的掌握程度等方面；评价方式要注重自评与他评相结合、过程评价与结果评价相结合、定性评价与定量评价相结合，保证评价的全面客观；评价主体包括

① 张曙光．过程性评价的哲学诠释［J］．齐鲁学刊，2012（4）：69－73.

教育管理者、教师、学生、家长以及校外相关人员。在大学生总体国家安全观培育中坚持多元性评价原则，要淡化评价的甄别、选拔功能，突出评价的导向、改进、激励等功能，以此促进学生牢固树立并积极践行总体国家安全观，促进教师优化总体国家安全观的培育工作。

二、大学生总体国家安全观培育评价的基本思路

科学清晰的评价不但不会增加大学生的学业考试负担，某种程度上还能提升他们的学习兴趣和动力。《指导纲要》提出国家安全教育评价的实施要“依据国家安全教育主要目标和主要内容，明确评价要求和评价要点，突出素养导向。将相关国家安全教育内容纳入不同阶段学生学业评价范畴。大学阶段采用多种方式进行课程考试，兼顾过程性考核。客观记录学生参与国家安全专题教育、课程学习和社会实践等活动中的态度、行为表现和学习成果，确保记录真实可靠，纳入学生综合素质档案”①。这为实施大学生总体国家安全观的培育评价明确了基本思路。在评价理念上，要以“知行并重”为评价理念。在评价维度上，需要从知、情、意、行四个维度出发。在评价内容上，要把总体国家安全观的基本理论、重点领域、法律法规、各重点领域面临的威胁与挑战、维护国家安全的途径和方法等作为考核评价的重要指标。在评价方法上，可以采取多种评价方法，如理论知识考试法、口头问答法、交流访谈法等，这些评价方

① 教育部．教育部关于印发《大中小学国家安全教育指导纲要》的通知［J］．中华人民共和国教育部公报，2020（12）：6－47.

法可以单用或并用。

三、大学生总体国家安全观培育的评价模式

大学生总体国家安全观培育评价模式是指培育内容被学生理解、认同、内化和践行效果的评价模型，主要是测评预期培育目标的实现程度，也能够体现大学生国家安全意识增强程度以及维护国家安全能力的提升水平。因此，要构建基于对培育内容的理解、认同、内化和践行的大学生总体国家安全观培育效果评价模式。大学生总体国家安全观培育效果是大学生对总体国家安全观培育内容理解、认同、内化和践行的实际情况。大学生总体国家安全观培育效果的评价指标要以总体国家安全观的培育内容为构建依据。即培育的内容要求是什么，就要考核评价什么。培育内容的客观性和可评价性，使大学生总体国家安全观培育的效果评价模式更具操作可行性和科学合理性。

信息控制论为构建大学生总体国家安全观培育的效果评价模式提供了重要参考。信息控制论强调的是信息的输入与输出及其控制和反馈，与总体国家安全观培育效果评价有相似之处，培育的内容相当于信息，培育活动相当于信息输入，而大学生相当于信息的接收器，培育效果则相当于信息的输出，那么，培育评价就是以输入的内容为依据，通过相应的衡量指标，评价大学生对培育内容的理解、认同、内化和践行状况。整个过程是在对信息输入和输出的控制之下完成的，即培育内容有要求、培育过程可控制、培育结果能测评。这种基于培育内容的效果评价模式，能够最大限度地评价学生理解、认同、内化和践行总体国家安全观内容的真实情况。因为

总体国家安全观培育的内容是具体的、明确的知识呈现，大学生对总体国家安全观内容的反映最清晰，他们受到总体国家安全观内容的影响后，要么是理解、认同、内化和践行，要么反之，不管是在心理上还是在行为上，这些表现都能够被呈现和把握，即具有可测性。

从精准度上看，基于总体国家安全观内容的评价模式更能体现“培育什么内容，就测评什么；要求如何，就如何考评”的实效评价，这种评价模式精准度高、操作性强。从本质上看，大学生总体国家安全观的培育总是要通过对内容的传授和接收来实现的，因此，衡量大学生总体国家安全观的培育效果当然是以培育的内容作为依据，并根据内容来确定评价的指标。只有通过对大学生总体国家安全观培育进行客观、科学的评价，才能不断提高大学生总体国家安全观培育的质量和效果。

四、大学生总体国家安全观培育的评价指标

以大学生对总体国家安全观培育内容的理解、认同、内化和践行效果为目标的评价模式，决定了评价指标的设置必须以培育内容为依据，因此，首先要明确大学生总体国家安全观培育的具体内容。如前所述，培育内容可分为总论和重点领域两部分，总论部分包括：国家安全的重要性，我国新时代国家安全的形势与特点，总体国家安全观的基本内涵、重点领域和重大意义，以及相关法律法规等；重点领域部分主要包括：政治安全、国土安全、军事安全、经济安全、文化安全、社会安全、科技安全、网络安全、生态安全、资源安全、核安全、海外利益安全以及太空、深海、极地、生物等不断

拓展的新型领域安全等。

因培育的内容很宽泛，对评价指标的设定和评价操作都有难度，为了科学设定评价指标，首先要对培育的内容进行简约化概括和精准化表达，形成具体的知识点；其次，按照大学生对培育内容的理解、认同、内化、践行四个维度设定指标；最后，根据不同维度进行次级指标、再次级指标的抽象概括，构建形成指标化的评价体系。以评价网络安全的培育效果为例，可以将网络安全的评价指标设定为网络安全的重要性、网络安全的主要内容、网络安全面临的威胁与挑战、维护网络安全途径与方法四个一级指标；每个一级指标下又可以设定若干二级指标，如网络安全的主要内容，可以下设网络基础设施安全、网络运行与服务安全、网络信息安全等二级指标；每个二级指标又可以下设多个三级指标，如信息安全可以下设数据传输安全、网络信息加密、有害信息监察监管和防范网络诈骗与网络暴力等三级指标。其他领域的安全也可以按照这样的方法设定评价指标，这样具体到相应的知识点，可以准确地评价培育效果，具有很强的操作性。

对培育效果的评价，主要看大学生对总体国家安全观培育内容在理解、认同、内化和践行四个层次的表现程度，这既符合总体国家安全观的培育规律，也符合大学生的成长发展规律。基于总体国家安全观培育内容构建的培育效果评价标准，能够让我们全面把握大学生对总体国家安全观的知识点是什么、价值观念为什么、行为方式有什么的内化和外化状况，从而能够更加准确地衡量大学生总体国家安全观培育的实际效果。

五、大学生总体国家安全观培育效果评价的测评方法

大学生总体国家安全观培育的效果评价是基于培育内容的实效性评价，因此，要把对总体国家安全观的知识理解、情感认同、价值内化和行动外化作为测评的指标参数。

（一）总体国家安全观知识理解的测评方法

对知识的理解是大学生总体国家安全观培育的基本要求，因此，知识理解指标应成为大学生总体国家安全观培育效果评价的基本参数。总体国家安全观知识是人们对于国家安全的客观认识，反映着国家安全的本质和规律，具有普遍客观性和历史必然性。因此，可以通过口头问答法或文字考试法这两种客观的评价方法来测评大学生对总体国家安全观知识的理解程度。

（1）口头问答法。口头问答法具有直观性和便捷性的特点，但要做好问题设计和明确标准答案，因为答案就是总体国家安全观知识指标的观测点。具体操作如下：先把总体国家安全观的知识指标转换成问题的形式，然后让学生回答，通过学生的回答情况来测评他们对总体国家安全观知识的理解效果。口头问答法的不足之处是容易受到现场气氛、问答心理等因素影响，因此，要注意做好测评的环境处理和心理辅导。

（2）文字考试法。文字考试法具有客观性和规范性，因此，要合理设计试题和裁定答案。具体操作如下：先将总体国家安全观的知识指标设计成考试题目，然后让学生答题，通过学生答案和标准答案的对比，就可以准确地测评到大学生对总体国家安全观知识的

理解效果。文字考试法的不足之处是答案对比容易出现偏差，这就需要教师更加熟悉测评内容，才能把握好衡量的尺度。

(二) 总体国家安全观情感认同的测评方法

情感认同是总体国家安全观培育内容内化的前提表征，也是评价培育效果的关键参数。这里的情感认同是指大学生对总体国家安全观的情感态度，即对总体国家安全观的意识和观念，具有很强的主观能动性，与人们看待问题的态度、立场和角度密切相关。总体国家安全观培育所传授的思想观念，主要体现的是统治阶级所需要的意识形态，而反映到人们的思想认识当中时，就要与人们的需要、情感和态度发生关系，呈现出明显的主观性和相对性。因此，评价大学生对总体国家安全观的情感认同效果，宜采用情境化、感受性的测评方法，交流访谈法和问卷调查法是观测总体国家安全观情感认同指标的可靠方法。

(1) 交流访谈法。基于情感认同的主观性、相对性特征，要观测总体国家安全观情感认同指标的效果，获取情感认同指标的手段必须体现情感认同的特点和规律，并让大学生自由表达内心的想法，才能收集到信度强和效度高的测评信息。交流访谈法通过双方的互动交流体现测评的情境性、主观性和相对性特点，有效捕捉大学生的内心想法。交流访谈法可以通过谈心谈话、沟通询问等语言交流方式来获取个体化的情感认同状况。为此，必须营造良好的访谈环境，精心设计访谈提纲，才能最大限度地测评到情感认同指标的准确效果。

(2) 问卷调查法。相对于直接的交流访谈法，问卷调查法是间接的测评方法。要通过文字符号与测评对象进行交流。其优点是更符合情感认同本身所具有的主观性、相对性和隐秘性特征，可以让测评对象自由真实地表达内心想法，能够更准确地测评到情感认同指标的达成情况。问卷调查法的内容设定必须符合情感的主观性、相对性和隐秘性特征，且没有固定的答案限制，宜采取匿名问卷的方式进行调查，确保收集到的情感认同信息真实有效，以便对结果进行科学评价。

（三）总体国家安全观价值内化的测评方法

价值内化是指总体国家安全观的培育内容被大学生内化于心，并上升为个人坚定的政治信仰和理想追求，为外化于行做好心理准备，因此是评价培育效果的核心参数。关于价值内化，克拉斯沃尔（Krathwohl D. K.）和布卢姆认为，外在的价值观被个体接受的程度是有变化的，他们将接受的程度分为五级水平：接受、反应、评价、组织、性格化。可见，价值内化要经历复杂的心理过程，不仅会受到心理素质、心理状态的影响，而且与个体的幸福感、获得感和安全感有很大的关系。评价总体国家安全观的价值内化效果可以采用思想品德测评法和心理数据测评法。

（1）思想品德测评法。思想品德测评法能够使学生明确总体国家安全观价值内化的要求是什么、应该做什么以及不应该做什么，有利于引导他们规范自己的言行，具有导向功能、诊断功能和激励功能。采用思想品德测评法，要根据价值内化要求制定评估指标体系，还要根据学生的实际情况组织实施。测评指标体系不只是从总体国家安全观的培育目标出发，还要从学生发展的需要进行考虑，具体分解目标及其制定应充分发挥学生的主观能动性，听取他们的意见建议。这不仅有助于提高学生内化的效率与效果，而且有助于克服外在要求与内在需要的不协调性。需要注意的是，测评过程要公开透明，测评结果要及时反馈，以促进学生对自己参与创立测评体系执行与遵循的自觉性与责任感。

（2）心理数据测评法。随着互联网、大数据、人工智能等新技术的飞速发展，利用心理数据测评价值内化也是较为理想的选择。目前，智能推荐引擎算法在电商领域已经大显身手，可以借鉴运用到价值内化的心理数据测评中。首先要借助人工智能技术，搭建智能化的在线心理测评服务平台；其次，借助网络技术建立价值内化心理测评的题目数据库，题目设计要以总体国家安全观的培育内容为依据；最后，“借助前沿的大数据深度学习技术，加强对心理测评数据的分析建模，构建出测评维度因子之间相互关联的网状结构知识图谱，实现测评数据的实时动态整合互通”①。这种测评方法既可提高测评预测的综合性和生态性，又可通过自适应组题实现测评的“千人千面”，提高测评效率。

（四）总体国家安全观行为外化的测评方法

行为外化也是大学生总体国家安全观培育效果评价的核心指标参数。通过传授总体国家安全观的内容，促使大学生产生维护国家安全的行为，外化于行是总体国家安全观培育效果生成的集中体现，

① 高瑞翔，郭永兴．新时代心理测评如何作为［N］．中国社会科学报，2021－9－2（005）．

要满足国家安全要求和个体成长发展需要。测评行为外化的效果，必须准确把握维护国家安全行为外化的特殊性。行为外化指标的测评就是评价总体国家安全观培育要求外化于行的程度和水平，观测行为外化指标要通过可感知、可观察、可体验的方式去获取，如可以观测到大学生在利益诱惑面前有拒绝危害国家安全的行为发生。行为统计分析法和行为情境测试法是测评大学生行为外化指标的两种有效方法。

（1）行为统计分析法。大学生总体国家安全观培育效果评价所要求的行为外化，就是让大学生在维护国家安全层面形成特定的行为模式或行为习惯，这是可感知、可观察的行为外化指标。行为统计分析法就是获知行为外化的有效方式，它可以通过大量的观察和分析去把握外化于行的基本状况，从而获得行为外化的性质和频率。行为统计分析法可以采取告知或不告知的方式获取大学生的行为状况，还可以通过统计班级是否存在危害国家安全的行为等方式，作为测评总体国家安全观培育效果中行为外化观测点的状况。为有效观测行为外化指标，在利用行为统计分析法时要注意统计的取样、程序和时机等要素。

（2）行为情境测试法。行为情境测试法是指“测评者设置特定的情境和标准并观察被测评者在该情境中的反应，根据事先规定的标准对被测评者的道德发展状况作出评价的方法”①。行为情境测试法侧重于对行为外化的微观测评，在较短的时间内即可完成测评。

① 王鹏，孙伟．中外学生品德测评的比较研究［J］．美中教育评论，2008（2）：23－27.

评价大学生总体国家安全观培育的行为外化指标，可以通过创设维护国家安全测评的情境和观测点，观察大学生在此情境中的反应，并根据行为指标的权重获知大学生维护国家安全的行为外化状况。如通过设置"网络间谍"吸引学生是否有为"间谍"提供"国家机密资料"的行为作为观测点，通过观察其行为表现，即可获知其行为外化的情况。常用的行为情境测试法是模拟情境测试，要精心设计每个环节，并注意测试过程和目的的隐秘性，以提高测评的信度和效度。

第四节　丰富大学生总体国家安全观培育的资源供给

大学生总体国家安全观的培育既要开设专门的课程，又要融入其他课程教学，还要通过校园文化、社会实践、网络空间等载体进行培育，是涉及方方面面的复杂工程。因此，为了确保培育工作的有效运行，需要通过开发、整合等手段来不断丰富总体国家安全观的培育资源，实现资源的有效供给。

一、大学生总体国家安全观培育的资源类型

统筹大学生总体国家安全观培育的各项资源，高校除了整合校内的培育资源，还要主动对接校外争取资源支持，发挥党政相关部门强大的资源动员能力。以时效度优化配置丰富多样的培育资源，确保资源储备的丰富性、资源利用的高效性，以及资源交互所产生影响的正相关性，最大限度地激发总体国家安全观培育的长久活力。

大学生总体国家安全观的培育资源主要包括管理资源、信息资源、平台资源等类型。

(一) 管理资源

管理资源主要包括相关的管理服务机构，为总体国家安全观培育工作提供组织支撑。一是成立专门的管理机构。如国家安全教育指导中心或国家安全教育指导委员会，负责总体国家安全观培育的指导、评估、咨询、服务等工作。二是组建专门的研究机构。如总体国家安全观培育的学术团队。学术团体要针对总体国家安全观培育问题开展学术研究，为总体国家安全观培育提供理论依据和实践指导。三是搭建专门的学术平台，以便定期组织开展总体国家安全观培育的学术交流、教学应用研究等。四是成立专门的教研部门。如国家安全教育教研室，负责组织开展国家安全教育实施途径与方法的专项研究，探索国家安全教育的课程教学、学科融入教学、专题教育设计等。

(二) 信息资源

信息资源是指开展总体国家安全观培育的相关数据信息。信息资源具有融合性、便捷性、共享性、互动性、时效性和亲和性等特点。信息资源主要包括多媒体素材、案例库、课件、专题网站、微课、应用软件、微信公众号、在线开放课程等集成的数字化课程资源，要结合总体国家安全观的培育需要，综合运用信息技术手段进行针对性开发，确保资源形式与种类多样化，为总体国家安全观培育提供丰富的信息资源服务。

（三）平台资源

平台资源是指开展总体国家安全观培育的相关场所。高校要和地方相关部门共建国家安全教育实践基地，如校外的国家安全教育实践基地、爱国主义教育基地、红色文化教育基地等。还要统筹利用学校现有的平台资源，并借助大数据技术，对平台资源进行自动化、智能化、智慧化处理，推动相关教育实践基地改造升级，拓展其对总体国家安全观培育的功能。也可通过打造综合性和专题性的教育实践基地，为大学生总体国家安全观培育提供平台资源，努力提升平台资源利用和配置的效度。

二、大学生总体国家安全观培育的资源整合

“资源整合”是系统论的思维方式，也是企业战略调整的重要手段，目的是优化资源配置，以获得整体最佳。总体国家安全观培育的资源整合是指培育主体通过对校内培育资源和校外培育资源进行“识别与选择、汲取与配置、激活和融合，使之具有较强的柔性、条理性、系统性和价值性，并创造出新资源的复杂的动态过程”①。资源整合是丰富培育资源供给的有效手段，资源整合的主要方式包括校内开发、校外引进和合作链接。

（一）校内开发

校内开发是指高校对自身现存培育资源的开发利用，包括对校

① 饶扬德．企业资源整合过程与能力分析［J］．工业技术经济，2006（9）：72－74．

内相关资源及其要素、结构等进行学习、挖掘、提炼而获得的资源整合方式。校内培育资源包括课程资源、科研资源、实践资源、文化资源、网络资源、心理资源、管理资源、服务资源、资助资源、组织资源等，简称“十大培育资源”。开发校内培育资源的方法主要有：一是发挥思政课教师和辅导员的“排头兵”作用。思政课教师和辅导员是总体国家安全观培育的中坚力量。思政课教师是培育主渠道的开拓者、培育主阵地的坚守者，要发挥他们在思政课和专业课整合中的主导作用，引领各类专业课和思政课同向同行，形成协同效应。辅导员是“各育人路径、育人活动的全程参与者、跟踪者、协同者、落地者和成效反馈者”①，要发挥他们在“十大培育资源”整合中的协调作用。二是发挥其他培育主体的职能作用。通过建立培育的共享机制、责任清单和激励机制，鼓励和引导校内相关培育主体发挥职能优势，挖掘岗位培育资源要素。以思政课教师为核心主体、以辅导员为关键主体、以专业课教师和行政人员以及后勤人员等为重要主体，打造层次性强、职责明晰、分工合理的全员化培育组织体系。

（二）校外引进

校外培育资源的所有者主要包括政府相关部门、企事业单位、学生家庭等，获取校外培育资源的方式有购买方式和吸引方式。一是争取政府支持。政府支持主要是通过政策、资金、项目等方式实

① 朱平．高校“三全育人”体系协同与长效机制的建构——以全员育人为中心的考察［J］．思想理论教育，2019（2）：103－106．

现。政策支持属于非竞争性资源，高校应利用好、落实好政府的相关政策，而资金、项目大多属于竞争性资源，高校要发挥自身优势主动争取获得支持。二是深化产教融合。推动高校“三全育人”资源整合，如果仅靠政府的行政行为，必将难以调动其他主体的积极性和主动性，这就需要外部力量的支持。通过政策扶持和建立分享机制，吸引企事业单位参与合作培育，使校外的人才、资金、项目等培育要素走进校园。三是畅通学生家庭合作培育渠道。学生家庭与高校关联度高，属于紧密型的培育资源，通过建立家校合作培育机制、平台以及优化培育环境等，畅通家校合作培育渠道，打造总体国家安全观培育共同体。

（三）合作链接

合作链接就是把已获得的互补性资源进行黏合的过程，通过政府、企事业单位、学生家庭等校外资源和教师、课程、科研等校内资源的合作链接，促进资源优化配置。“育人资源既包括育人主体，也涵盖育人渠道、育人载体等，这些资源充足且能实现良性联动是实现‘三全育人’的基本保障”①。因此，推进大学生总体国家安全观培育必须依靠政府、企事业单位、学生家庭和高校的共同行动。在汲取校外培育资源的同时，要充分调动校内培育主体的主观能动性，将校内外的资源进行有机整合，形成培育合力。在初期阶段，要高度重视校外资源的获取，创新引进的体制机制和思路方法，以

---

① 王艳平．高校“三全育人”的特征及其实施路径［J］．思想理论教育，2019（9）：103－106．

确保校外支持的可持续性。具体来说，就是对校内的培育资源进行细化分类，并寻找与之匹配的校外培育资源进行优化组合，实现二者的有效链接与有机融合。要有效整合校内外的培育资源，最好就是建立具有整合功能的服务机构，如前述的国家安全教育指导中心，应担负起专职服务合作培育的使命，借助智媒体、大数据等现代科技手段，整合校内外培育资源，为大学生总体国家安全观培育工作提供专业化、针对性的服务，深层次挖掘培育资源价值，系统推进资源共享。

参考文献

著作：

[1] 习近平．习近平谈治国理政：第3卷［M］．北京：外文出版社，2020：125.

[2] 中共中央党史和文献研究院．习近平关于防范风险挑战、应对突发事件论述摘编［M］．北京：中央文献出版社，2020：28.

[3] 中共中央党史和文献研究院．习近平关于总体国家安全观论述摘编［M］．北京：中央文献出版社，2018：3－7.

[4] 潘维．信仰人民：中国共产党与中国政治传统［M］．北京：中国人民大学出版社，2017：68.

[5] 习近平．在庆祝全国人民代表大会成立六十周年大会上的讲话［M］//十八大以来重要文献选编（中）．北京：中央文献出版社，2016：54－55.

[6] 本书编写组．总体国家安全观教育读本［M］．北京：光明日报出版社，2016：7.

[7] 中共中央宣传部．习近平总书记系列重要讲话读本［M］.

北京：学习出版社，2016：58.

[8] 陶建新. 大学生社会主义核心价值观培育研究：理论与实践的视角 [M]. 成都：西南财经大学出版社，2015：24.

[9] 习近平. 习近平谈治国理政：第1卷 [M]. 北京：外文出版社，2014：125.

[10] 潘懋元. 新编高等教育学 [M]. 北京：北京师范大学出版社，2009：530.

[11] 刘跃进. 国家安全学 [M]. 北京：中国政法大学出版社，2004：57.

[12] 王汉澜. 教育评价学 [M]. 郑州：河南大学出版社，1995：69.

[13] 陆学艺，景天魁. 转型中的中国社会 [M]. 哈尔滨：黑龙江人民出版社，1994：2.

译著：

乌尔里希·贝克. 风险社会：新的现代性之路 [M]. 张文杰，何博闻，译. 南京：译林出版社，2018：1.

期刊：

[1] 中共中央宣传部，教育部. 关于印发《新时代学校思想政治理论课改革创新实施方案》的通知 [J]. 中华人民共和国国务院公报，2021 (9)：75－80.

[2] 巩永丹. 习近平新时代中国特色社会主义思想融入“原理”课教学的思路、内容与方法 [J]. 北京航空航天大学学报（社会科学版），2021 (4)：22－27.

[3] 徐宏潇. 习近平新时代中国特色社会主义思想融入“概

论”课教学的价值与路径［J］. 北京航空航天大学学报（社会科学版），2021（4）：17－21.

［4］牛婧. 忧患意识教育融入高校思想政治理论课教学研究——以“中国近现代史纲要”课为例［J］. 北京教育（德育），2021（5）：63－67.

［5］唐蓉. 民族自信意识与忧患意识的内在逻辑及平衡共进［J］. 学校党建与思想教育，2021（16）：8－10.

［6］李海娟. 新时代高校实践育人路径探析［J］. 思想理论教育，2021（8）：108－111.

［7］高歌. 加强新时代高校网络思想政治教育探究［J］. 学校党建与思想教育，2021（12）：65－67.

［8］王永贵，史作廷. 新时代加强意识形态安全教育的战略审视和创新路径［J］. 思想理论教育，2021（8）：51－55.

［9］陈锡敏. 总体国家安全观教育需把握的几个着力点［J］. 思想理论教育，2021（5）：97－101.

［10］中国现代国际关系研究院课题组. 世界“百年未有之大变局”全面展开［J］. 现代国际关系，2020（1）：19－25，18，59.

［11］吴忠民. 转型期社会矛盾冲突的三个层级及主要影响因素［J］. 社会科学，2020（1）：85－101.

［12］教育部. 教育部关于印发《大中小学国家安全教育指导纲要》的通知［J］. 中华人民共和国教育部公报，2020（12）：6－47.

［13］陈华，吴刚平. 中小学专题教育整合实施机制探讨［J］. 教育发展研究，2020（18）：9－17.

［14］徐晓宁. 论高校思想政治教育与校园文化建设的深度融合

[J]. 中国高等教育, 2020 (12): 37-39.

[15] 朱平. 高校"三全育人"体系协同与长效机制的建构——以全员育人为中心的考察 [J]. 思想理论教育, 2019 (2): 103-106.

[16] 王艳平. 高校"三全育人"的特征及其实施路径 [J]. 思想理论教育, 2019 (9): 103-106.

[17] 张可荣, 刘奕汝. 中华传统民本思想的时代价值探析 [J]. 长安大学学报 (社会科学版), 2019 (5): 75-83.

[18] 习近平. 在省部级主要领导干部坚持底线思维着力防范化解重大风险专题研讨班开班式上的讲话 [J]. 党建, 2019 (2): 6-8.

[19] 李静妍, 张恒. 高校网络意识形态安全体系构建与管理 [J]. 吉林化工学院学报, 2019, 36 (10): 60-63.

[20] 教育部. 教育部关于加强大中小学国家安全教育的实施意见 [J]. 中华人民共和国教育部公报, 2018 (4): 4-6.

[21] 王红梅. 总体国家安全观融入高校思想政治理论课教学的路径探索 [J]. 学校党建与思想教育, 2018 (8): 24-26.

[22] 杜艳艳. 习近平全面依法治国新理念融入高校思政课的路径探析 [J]. 学校党建与思想教育, 2018 (9): 63-65.

[23] 孙建国. 坚定不移走中国特色国家安全道路 [J]. 国际问题研究, 2015 (2): 1-11, 141.

[24] 刘跃进. 总体国家安全观: 民心基础与理论溯源 [J]. 人民论坛, 2014 (16): 24-27.

[25] 庞乃燕, 何圆, 韦冬雪. 大学生社会主义核心价值体系教

育的校园文化载体研究 [J]. 学校党建与思想教育，2010 (10)：85-87.

[26] 张分田，张鸿. 中国古代“民本思想”内涵与外延刍议 [J]. 西北大学学报 (哲学社会科学版)，2005 (1)：113-118.

报纸：

[1] 习近平. 在庆祝中国共产党成立100周年大会上的讲话 [N]. 人民日报，2021-7-2 (002).

[2] 高瑞翔，郭永兴. 新时代心理测评如何作为 [N]. 中国社会科学报，2021-9-2 (005).

[3] 习近平. 在中央全面深化改革委员会第十二次会议上的讲话 [N]. 人民日报，2020-2-15 (001).

[4] 习近平在中央政治局第二十六次集体学习时强调：坚持系统思维构建大安全格局为建设社会主义现代化国家提供坚强保障 [N]. 人民日报，2020-12-13 (001).

[5] 习近平. 在中央全面深化改革委员会第十二次会议上的讲话 [N]. 人民日报，2020-2-15 (001).

[6] 中共中央关于坚持和完善中国特色社会主义制度 推进国家治理体系和治理能力现代化若干重大问题的决定 [N]. 人民日报，2019-11-6 (001).

[7] 蒋金锵. 习近平新时代中国特色社会主义思想的重大意义 [N]. 人民日报，2019-8-27 (008).

[8] 高祖贵. 世界百年未有之大变局的丰富内涵 [N]. 学习时报，2019-1-21 (001).

[9] 习近平. 用新时代中国特色社会主义思想铸魂育人 贯彻党

的教育方针落实立德树人根本任务——在学校思想政治理论课教师座谈会上的讲话 [N]. 人民日报, 2019 - 3 - 19 (001).

[10] 习近平. 在北京大学师生座谈会上的讲话 [N]. 人民日报, 2018 - 5 - 3 (001).

[11] 李向阳. 世界面临百年未有之大变局 [N]. 人民日报, 2018 - 12 - 24 (014).

[12] 习近平. 携手建设更加美好的世界——在中国共产党与世界政党高层对话会上的主旨讲话 [N]. 人民日报, 2017 - 12 - 2 (002).

[13] 习近平. 把思想政治工作贯穿教育教学全过程 开创我国高等教育事业发展新局面——在全国高校思想政治工作会议上的讲话 [N]. 人民日报, 2016 - 12 - 9 (001).

[14] 习近平. 在文艺工作座谈会上的讲话 [N]. 人民日报, 2015 - 10 - 15 (002).

[15] 习近平. 在中央国家安全委员会第一次会议上的讲话 [N]. 人民日报, 2014 - 4 - 16 (001).

[16] 习近平. 在纪念孔子诞辰 2565 周年国际学术研讨会暨国际儒学联合会第五届会员大会开幕会上的讲话 [N]. 人民日报, 2014 - 9 - 25 (002).

[17] 习近平. 在新进中央委员会的委员、候补委员和省部级主要领导干部学习贯彻习近平新时代中国特色社会主义思想和党的十九大精神研讨班上的讲话 [N]. 人民日报, 2014 - 1 - 6 (001).

[18] 习近平. 在"世界和平论坛"开幕式上的讲话 [N]. 人民日报, 2012 - 7 - 8 (001).

其他文献:

[1] 习近平. 完善重大疫情防控体制机制 健全国家公共卫生应急管理体系——在中央全面深化改革委员会第十二次会议上的讲话[EB/OL]. 新华网, 2020-2-14.

[2] 习近平. 全面贯彻落实总体国家安全观开创新时代国家安全工作新局面——在十九届中央国家安全委员会第一次会议上的重要讲话 [EB/OL]. 新华网, 2018-4-17.

[3] 习近平. 决胜全面建成小康社会夺取新时代中国特色社会主义伟大胜利——在中国共产党第十九次全国代表大会上的讲话[EB/OL]. 新华网, 2017-10-27.

[4] 习近平: 携手合作共同发展——在金砖国家领导人第五次会晤时的主旨讲话 [EB/OL]. 新华网, 2013-3-28.

后　记

在实现第二个百年奋斗目标的新征程上，高校必须把培育大学生总体国家安全观作为落实国家安全战略的重要举措，牢记为党育人、为国育才使命，积极探索大学生总体国家安全观培育的方式方法，准确把握大学生总体国家安全观的培育规律，全面增强大学生维护国家安全的意识和能力。基于此，本书坚持以习近平新时代中国特色社会主义思想为指导，以总体国家安全观为统领，以增强大学生的国家安全意识和提升维护国家安全能力为价值旨归。全面阐释新时代大学生总体国家安全观培育的思想基础、形成过程、科学内涵和重大意义，深入探讨新时代大学生总体国家安全观培育的背景和意义、现状和经验、原则和目标、内容和途径、实施方略和保障体系。对于不断创新高校思想政治教育，培育能够担当民族复兴大任的时代新人具有十分重要的理论意义和实践价值。

本书具有以下特点：首先是理论性与实践性相结合。围绕新时代大学生总体国家安全观这个培育主题，多维度展开理论阐释，结构合理，内容丰富，既对大学生总体国家安全观培育的理论遵循、意蕴阐释、价值要义等进行理论解读，又从大学生总体国家安全观培育的课程设置、队伍建设、质量评价、资源供给等方面进行实践探究。其次是特色性与包容性相结合。研究过程中坚持以国家安全学的学科特色为前提，又融合思想政治教育、政治学、社会学等相关学科的理论与实践成果，拓展了大学生总体国家安全观培育的研究视野。最后是现实性与发展性相结合。既观照到大学生总体国家安全观培育的简单化、应景化现状，探索全方位多角度的培育策略，体现了问题意识和实践导向，又紧扣“三全育人”的时代特征和“大思政”实践要求，突破了思想政治教育的学科束缚，积极探索大学生总体国家安全观培育的新范式。

本书算是我2020年6月出版的《新时代大学生廉洁教育论纲》的姊妹篇，但各有侧重。《新时代大学生廉洁教育论纲》主要从中观层面阐释理论问题，而本书将视角转向了微观层面的实践探索。广西一流学科建设项目：百色学院马克思主义理论一流学科资助在此对百色学院的大力支持表示衷心感谢！同时还要感谢的是相关的专家学者，没有他们的成果提供参考将难以成就本书。在引用相关专家学者的观点时，都已尽量标明出处，但错漏在所难免，祈请海涵！

本书的顺利出版得益于光明日报出版社的大力支持，在此要特别感谢光明日报出版社及其相关的领导老师！

黄东升

2021年10月于百色右江河畔